T0208777

essentials

essentials liefern aktuelles Wissen in konzentrierter Form. Die Essenz dessen, worauf es als „State-of-the-Art" in der gegenwärtigen Fachdiskussion oder in der Praxis ankommt. *essentials* informieren schnell, unkompliziert und verständlich

- als Einführung in ein aktuelles Thema aus Ihrem Fachgebiet
- als Einstieg in ein für Sie noch unbekanntes Themenfeld
- als Einblick, um zum Thema mitreden zu können

Die Bücher in elektronischer und gedruckter Form bringen das Expertenwissen von Springer-Fachautoren kompakt zur Darstellung. Sie sind besonders für die Nutzung als eBook auf Tablet-PCs, eBook-Readern und Smartphones geeignet. *essentials:* Wissensbausteine aus den Wirtschafts-, Sozial- und Geisteswissenschaften, aus Technik und Naturwissenschaften sowie aus Medizin, Psychologie und Gesundheitsberufen. Von renommierten Autoren aller Springer-Verlagsmarken.

Weitere Bände in der Reihe http://www.springer.com/series/13088

Christian Humborg · Thuy Anh Nguyen

Die publizistische Gesellschaft

Journalismus und Medien im Zeitalter des Plattformkapitalismus

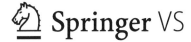 Springer VS

Dr. Christian Humborg
CORRECTIV – Recherchen für die
Gesellschaft
Berlin, Deutschland

Thuy Anh Nguyen
Berlin, Deutschland

ISSN 2197-6708   ISSN 2197-6716   (electronic)
essentials
ISBN 978-3-658-20958-2   ISBN 978-3-658-20959-9   (eBook)
https://doi.org/10.1007/978-3-658-20959-9

Die Deutsche Nationalbibliothek verzeichnet diese Publikation in der Deutschen Nationalbiblio-
grafie; detaillierte bibliografische Daten sind im Internet über http://dnb.d-nb.de abrufbar.

Gedruckt auf säurefreiem und chlorfrei gebleichtem Papier

Springer VS ist ein Imprint der eingetragenen Gesellschaft
Springer Fachmedien Wiesbaden GmbH und ist Teil von Springer Nature
Die Anschrift der Gesellschaft ist: Abraham-Lincoln-Str. 46, 65189 Wiesbaden, Germany

Was Sie in diesem *essential* finden können

- Wie grundlegend und radikal der digitale Wandel Journalismus und Medien verändert.
- Was Plattformkapitalismus ist.
- Wie Zeitungen, Zeitschriften und öffentlich-rechtlicher Rundfunk der digitalen Dynamik kaum gewachsen sind und das Geschäftsmodell der Zeitungen erodiert.
- Wie die Plattformen die publizistischen Domänen kolonialisieren und welche Chancen und Gefahren dies birgt.
- Welche neuen Formen der Zusammenarbeit und Finanzierung entstehen und wie der Non-Profit-Journalismus erblüht.

Vorwort

Wir danken für Inspiration Steffen Burkhardt, Christoph Dowe, Daniel Drepper, Kerstin Düring, Alexander Görke, Kirsten Jahn, David Klappenberg, Stephanie Reuter, Robert Rosenthal, David Schraven, Abraham Taherivand, Siegfried Weischenberg, Stefanie Wermter, Anja Zimmer.

Christian Humborg
Thuy Anh Nguyen

Inhaltsverzeichnis

Einleitung

Etwas ändert sich gewaltig: Wie wir leben und arbeiten, die Organisationsformen, in denen wir handeln, ganze Branchen ändern sich. Floridi (2015) spricht von der 4. Revolution, die sogar verändert, wie wir unser Selbst definieren. Diese Veränderung ist technologischen Ursprungs. Die Digitalisierung hat sich als Terminus durchgesetzt, was die Ursache und den Prozess dieser technologischen Veränderung angeht (vgl. Seemann 2014; Lilienthal et al. 2014[2]; Keese 2016; Kucklick 2016). Noch immer wird die Radikalität dieses Wandels massiv unterschätzt.

Der digitale Wandel trifft den Journalismus im Kern, wie Journalismus produziert wird, wie Journalismus konsumiert wird und wer überhaupt Journalist ist. Auch die Organisationsformen, in denen Journalismus produziert wird, wie Verlage oder Rundfunkanstalten, und die journalistischen Angebote sind von diesem radikalen Wandel betroffen. Die neuen mächtigen Akteure sind Plattformen wie Facebook oder Google. Mit ihrem technologischen Angebot ermöglichen sie jeder Person, selbst zu publizieren, sei es Texte auf Facebook, Fotos auf Instagram oder Videos auf Youtube. Als technologische, meist werbefinanzierte Plattformen gestartet, sind sie zu Medien geworden und es ist nur eine Frage der Zeit, bis sie als Herausgeber anerkannt werden müssen, eingedenk all der rechtlichen Verantwortung, die sich daraus ergibt (vgl. Ruddick 2017).

Wir alle sind zu Publizisten geworden, jeder ist Publizist. Das Publizieren ist nicht mehr den alten Gatekeepern, den Zeitungen, Zeitschriften, Radiosendern und Fernsehanstalten vorbehalten. Der Titel des Büchleins spiegelt diese neue Realität wider. Jeder kann publizieren, fast jeder tut es, wir sind zu einer publizistischen Gesellschaft geworden (vgl. Hartley 2000). In dieser publizistischen Gesellschaft müssen sich alle neu finden, die Journalisten, die Verlagsmanager, die Leser, die Studioleiter, die Zeitungsausträger, die Bürger, die „Poster".

Angesichts des Untergangs der Piratenpartei, von Fake News, Hate Speech und dem Wahlerfolg des eifrig twitternden Donald Trump sind die Begeisterung

© Springer Fachmedien Wiesbaden GmbH, ein Teil von Springer Nature 2018
C. Humborg und T. A. Nguyen, *Die publizistische Gesellschaft*, essentials,
https://doi.org/10.1007/978-3-658-20959-9_1

demokratischer Partizipationsmöglichkeiten einer großen Skepsis und Sorge gewichen. Symptom dieser Verunsicherung ist das Gerede von einer postfaktischen Gesellschaft. Pörksen (2016) unterstellt den Nutzern des Begriffs postfaktisch zu Recht eine Selbstabschottung. Wissenschaftler konzedierten damit (ohne Not) das Ende der Aufklärung. Der Begriff diene der „Stigmatisierung seltsamer, fremder Stämme, die leider nicht wissen, was Empirie ist, und die moderne Welt einfach nicht kapieren" (Pörksen 2016).

Das Gefühl bleibt, dass in einer Zeit, in der Aufklärung und journalistische Kontrolle der Macht besonders vonnöten sind, der Journalismus in seine größte Krise gerät (Bauerlein 2017). Vielen macht die publizistische Gesellschaft Angst; es geht um Arbeitsplatzverlust, um Einkommensverlust, um Kapitalverlust, um Qualitätsverlust, um Prestigeverlust, um Machtverlust und um Kontrollverlust. Doch wäre eine solche pessimistische Sichtweise auf die publizistische Gesellschaft fatal.

Der Wandel ist unausweichlich und jedes Zögern erhöht die spätere Wucht der Veränderung. Wir erleben zur Zeit in Deutschland, wie die alten Organisationsformen, die Zeitungsbranche und der öffentlich-rechtliche Rundfunk in manchen Fragen wie der Depublikationspflicht aufeinander losgehen, sich verkeilen, auf den Boden gehen, und am Ende vermutlich keiner als Sieger vom Platz gehen wird. Die Schlachten um Anteile eines kleiner werdenden Kuchens alter Erlösmodelle rauben Kraft und Investitionsmöglichkeiten für das Neue. Diese kostbare Zeit nutzen die Plattformen, um technologisch weiter davon zu eilen. Der Wandel ermöglicht neuen Journalismus, neue Erlösmodelle, neue Angebote, und allgemein eine neue Welle von Aufklärung, Demokratisierung und Emanzipation.

Gerade die Universitäten fallen als Träger eines aufklärerischen Optimismus nicht besonders auf. So lange an Universitäten Seminare oder Studiengänge zum „Online-Journalismus" angeboten werden und aktuelle wissenschaftliche Publikationen mit Titeln wie „Online-Journalismus" (Matzen 2014[3]; Hooffacker 2016[4]) erscheinen, hat die Wucht der digitalen Veränderung noch nicht ausreichend die Academia durchdrungen, denn Journalismus ist nicht online oder print, sondern nur noch digital (vgl. Weischenberg 2018, S. 246 ff.). Der akademische Ton wird im angelsächsischen Raum angegeben: Die führenden Institutionen am Puls der Zeit sind das NiemanLab an der Harvard University und das Reuters Institute for the Study of Journalism an der University of Oxford. Dieses Büchlein soll einen kleinen Beitrag dazu leisten, den aufklärerischen Optimismus in den deutschsprachigen Raum zu tragen.

Digitalisierung 2

Die Digitalisierung hat neue Organisationsformen und Geschäftsprozesse geschaffen, aber die neue Technik führt auch zu tief greifenden kulturellen Veränderungen. Diese lösen – wie meist bei technologischem Wandel – in ihren Extremen Untergangsbeschwörungen und Unsterblichkeitsutopien aus. Passig (2013, S. 10 ff.) hat typische Beispiele von Kulturskepsis bei der Ankunft neuer Technologien zusammen getragen. So schrieb der Student Friedrich August Köhler 1790 nach einer Fußreise von Tübingen nach Ulm: „Zwar wurden vermöge eines landesherrlichen Edicts überal (Wegezeiger) errichtet, aber ihre Existenz war kurz, weil sie der ausgelassene Pöbel an den meisten Orten zerstörte, welches besonders in den Gegenden der Fall ist, wo die Landleute zerstreut auf Höfen wohnen und wenn sie in Geschäften nach der nächsten Stadt oder dem nächsten Dorf kommen, meistens betrunken nach Hause kehren und weil ihnen der Weg bekannt ist, Wegezeiger für eine unnöthige Sache halten" (Passig 2013, S. 10). „That's an amazing invention", lobte US-Präsident Rutherford B. Hayes 1876 das Telefon, „but who would ever want to use one of them?" Und von Filmstudiochef Harry M. Warner ist die um 1927 gestellte Frage überliefert: „Who the hell wants to hear actors talk?" (Passig 2013, S. 11).

Die kulturelle Verunsicherung bei technologischem Wandel zeigte sich bei der Erfindung des Buchdrucks. Dieser ermöglichte eine Medienrevolution, die wesentliche Voraussetzung der Reformation war (vgl. Kaufmann 2015, S. 20). Die herausgeforderte katholische Kirche hatte versucht, über den Index Expurgartorius im Jahr 1559 in ihren Augen kritische Bücher zu verbieten (vgl. Watson 2005, S. 466). Doch gegen die neue Technologie und das neue Geschäftsmodell kam die Kirche nicht an. „It was in the nature of publishing that daring books would sell better because of the scandals they caused, with the result that the early publishers often sheltered writers suspected of heresy" (ebd., S. 384; vgl. Foer 2017, S. 162).

© Springer Fachmedien Wiesbaden GmbH, ein Teil von Springer Nature 2018   3
C. Humborg und T. A. Nguyen, *Die publizistische Gesellschaft*, essentials,
https://doi.org/10.1007/978-3-658-20959-9_2

Welzer (2016, S. 230) weist auf Gefahren von Medienrevolutionen hin, näm-lich im Hinblick auf Faschismus und Stalinismus: „Die sinnliche und informati-onelle Überforderung der Menschen ist für die Implementierung ‚revolutionärer' Regime solchen Typs essentiell. Die Beherrschten und die künftig zu Beherr-schenden sollen nicht zur Ruhe kommen". Schlögel (2008, S. 299 ff.) beschreibt, wie selbst unabhängige und kritische Geister fasziniert waren, wenn sie Stalin im damals neuen Medium Radio hörten.

Das digitale Zeitalter bringt viele Verwirrungen; bestehenden Institutionen droht ein massiver Bedeutungsverlust. Der neue Typ Institution im digitalen Zeit-alter ist die Plattform. Seemann (2017, S. 44) empfiehlt, Plattformen nicht nur als möglicher Gegenstand einer Regulierung zu betrachten, sondern als „mächtige Regulierer und politische Akteure" (vgl. Madrigal 2017). Parker et al. (2016, S. 3) haben den Aufstieg, den Erfolg und die Dominanz der Plattformen umfassend analysiert: „the platform is a simple-sounding yet transformative concept that is radically changing business, the economy and society at large".

Die vier dominanten Plattformen Google, Apple, Facebook, Amazon – genannt GAFA – sind an der US-amerikanischen Westküste beheimatet. Über die Plattform Alibaba werden 80 % aller chinesischen E-Commerce-Transaktionen abgewickelt (vgl. ebd., S. 240). Wichtige europäische Plattformen sind SAP und Spotify (vgl. ebd., S. 4). Der Aufstieg der Plattformen revolutioniert beinahe jeden Winkel von Wirtschaft und Gesellschaft, vom Bildungssystem, über die Medien, den Finanz-sektor, das Gesundheitssystem, den Energiesektor, den Verkehrssektor bis hin zur Verwaltung (vgl. ebd., S. 12). Parker et al. (2016, S. 7) beschreiben dies eindrucks-voll für den Buchmarkt: „Amazon's Kindle platform allows anyone to publish a book, relying on real-time consumer feedback to determine which books will suc-ceed and which will fail. The platform system can grow to scale more rapidly and efficiently because the traditional gatekeepers – editors – are replaced by market signals provided automatically by the entire community of readers".

Plattformkapitalismus

3

Das Zeitalter des Plattformkapitalismus begann am 15. September 2008. An diesem Tag kollabierte die Investmentbank Lehman Brothers und löste eine globale Finanzkrise aus, die das Ende der Dominanz des Finanzkapitalismus und den Übergang ins Zeitalter des Plattformkapitalismus einläutete (vgl. Srnicek 2017, S. 85).

Der Begriff Plattformkapitalismus wurde von Lobo (2014) im deutschsprachigen Raum popularisiert. Zunächst ist Plattformkapitalismus für Lobo ein Gegenbegriff zur sogenannten Sharing-Ökonomie. Lobo erinnert daran, dass der Maler seine Dienstleistung nicht dem Kunden „teilt", wenn er sie verkauft. „Derzeit wird Sharing Economy in der öffentlichen Wahrnehmung noch mit Unternehmen wie Uber oder Airbnb verbunden. Die Kernideen, die ihren Geschäftsmodellen zugrunde liegen, sind zwar soziale Innovationen, die wirtschaftliche Form der Umsetzung ist jedoch reiner gewinnmaximierender Finanzkapitalismus" (Spiegel 2015, S. 80).

Aber der Plattformkapitalismus ist mehr als das: Er steht für eine „neue digitale Wirtschaftsordnung", in der Plattformen als Mittelsmänner Angebot und Nachfrage zusammenführen. Lobo bezeichnet sie als Meta-Händler, die „den Zugang und die Prozesse eines ganzen Geschäftsmodells" kontrollieren. Daher streben sie nach Macht, um durch Marktbeherrschung „Branchenstandards zu setzen und zu kontrollieren" und „jede wirtschaftliche Transaktion als Auktion zu inszenieren – auch der Kosten für Arbeit" (ebd.).

Beim Deutschen Verbrauchertag 2015 wies Welzer in einem Vortrag auf die negativen Folgen des Plattformkapitalismus hin, der „soziale Intelligenz und eingeübte soziale Praktiken monetarisiert, selbst aber kaum Arbeitsplätze schafft" (Welzer 2016, S. 158). Welzer kritisiert, dass der ökonomische Erfolg der Plattformen auf Missachtung von Standards und damit der Produktion von externen

C. Humborg und T. A. Nguyen, *Die publizistische Gesellschaft*, essentials, https://doi.org/10.1007/978-3-658-20959-9_3

Effekten basiert, beispielsweise durch fehlende Versicherungen oder Schutzrechte von Arbeitnehmern.

Der Plattformkapitalismus basiert auf der politischen Ideologie eines rechten Radikallibertarismus. Dieser Radikallibertarismus kombiniert Selbsteigentum, absolute Freiheit, die Abwesenheit eines Staates oder einer Regierung, uneingeschränkten Kapitalismus und Marktradikalität ohne Kartellregulierung. Die wesentliche Vordenkerin, die großen Einfluss auf den politischen Diskurs in den USA und insbesondere zahlreiche der Silicon Valley-Milliardäre hat, ist Ayn Rand. Ausgangspunkt ihrer Überlegungen ist die Notwendigkeit eines „rationalen Egoismus" des Einzelnen (vgl. Rand 1957). Peter Thiel, Gründer von Paypal und Erstinvestor von Facebook, beruft sich explizit auf Ayn Rand und ihren rechten Radikallibertarismus (vgl. Taplin 2017, S. 20 f.). Er gilt als führende Figur innerhalb der sogenannten PayPal Mafia (vgl. Tweney 2007), einer Gruppe der ersten PayPal-Angestellten, die später wichtige weitere Plattformen gründeten, darunter Reid Hoffmann (LinkedIn), Steven Chan (Youtube), Chad Hurley (Youtube), Russel Simmons (Yelp), Jeremy Stoppelman (Yelp) und Elon Musk. Mit Paypal als libertaristischem Projekt wollte sich Thiel, der Philosophie studiert hatte, bewusst dem staatlich regulierten Bankensystem entziehen und dies stören (vgl. Taplin 2017, S. 73). Thiel gehörte zu den Unterstützern von Trumps Präsidentschaftskandidatur und war einer der Delegierten, die ihn zum Präsidentschaftskandidaten kürten (vgl. ebd., S. 155; vgl. Foer 2017, S. 30 f.). Jeff Bezos, Gründer und Chef von Amazon, wuchs in einer rechten radikallibertären Familie auf. Die Gründungsidee zu Amazon war die Entdeckung eines steuerrechtlichen Schlupflochs, wonach Onlinehändler beim Versand in andere US-Bundesstaaten keine Umsatzsteuer abführen müssen (vgl. Taplin 2017, S. 78 f.; vgl. Foer 2017, S. 195 f.). Auch Ross Ulbricht, Gründer der Silk Road, des größten Drogenumschlagplatzes im Internet zwischen 2011 und 2013, war ein großer Fan Ayn Rands (vgl. Taplin 2017, S. 186).

Das ideologische Fundament Silicon Valleys ausschließlich in einem rechten Radikallibertarismus zu sehen, greift aber zu kurz. Genauso waren Elemente einer Hippie-Gegenkultur prägend – der „hunger for cooperation, sharing, and a self-conscious awareness of our place in a larger system" (Foer 2017, S. 23; vgl. Turner 2007). Zwar wurden viele dieser Elemente von den Plattformen ausgebeutet wie beispielsweise im Narrativ „sharing is caring", dennoch finden sich diese in nicht wenigen visionären Projekten: „the dream has fueled a succession of grand collaborative projects, cathedrals of knowledge built without any intention of profiting from the creation, from the virtual communities of the nineties to Linux to Wikipedia to the Creative Commons" (Foer 2017, S. 26). Lovink

(2016, S. 138) bezeichnet die Verknüpfungen dieser ideologischen Fundamente als „unholy alliance of hippies and yuppies".

Die erste konzeptuelle Analyse des Plattformkapitalismus hat Srnicek (2017) vorgelegt. Darin analysiert er Grundlagen, Typen und Perspektiven zur Regulierung des Plattformkapitalismus. Srnicek (2017, S. 49 ff.) zufolge gibt es fünf Typen von Plattformen: Werbeplattformen (wie zum Beispiel Facebook oder Google), Cloudplattformen, Industrieplattformen, Produktplattformen (wie zum Beispiel Spotify oder Netflix) und schlanke Plattformen (wie zum Beispiel Airbnb oder Uber), die reine Vermittler von Waren oder Dienstleistungen sind. Wesentliches Produktionsmittel, das Plattformen von anderen Unternehmen unterscheidet, sind Daten, vornehmlich über Kaufverhalten, Nutzungsverhalten und individuelle Präferenzen. Mit diesen erhoffen sich die Plattformen, zukünftiges Verhalten ihrer Nutzer abzuleiten, oder dieses zu beeinflussen (vgl. ebd., S. 41). Rushkoff (2014, S. 15) bezeichnet diesen Fokus auf das Jetzt und auf die kurzfristigen impulsiven Entscheidungen anstelle von rationalen Erwägungen als „Präsentismus".

Je stärker die Netzwerkeffekte sind, desto wertvoller die Daten: „the more numerous the users who interact on a platform, the more valuable the entire platform becomes of each one of them" (Srnicek 2017, S. 95). Wenn kaum einer der Freunde oder Geschäftspartner auf einer Plattform aktiv ist, wird die Person schnell das Interesse daran verlieren. Das Überleben von Facebook und der Untergang von studiVZ oder Myspace sind diesem Effekt geschuldet.

Mithilfe dieser Netzwerkeffekte der Datennutzung wurden die Plattformen zu Monopolisten, die einen gigantischen stetig wachsenden Datenpool kontrollieren und dadurch ganze Industrien beeinflussen: „In the great office parks south of San Francisco, monopoly is a spiritual yearning" (Foer 2017, S. 12).

Aufgrund ihres geschäftsmodellbedingten Kontrollwahns sind Plattformen eine Bedrohung für ein freies und offenes Internet, zumal die Unterdrückung von Privatsphäre zentraler Bestandteil des Geschäftsmodells ist (vgl. Srnicek 2017, S. 101). Zu ihrer Netzwerkmacht tritt die Kontrolle des Zugangs, da jederzeit der Zugang zu Kontakten – sei es nur temporär oder lokal – eingeschränkt werden kann (vgl. Seemann 2017, S. 45).

Der Plattformkapitalismus stellt gesellschaftliche Grundsätze, wie demokratische, arbeitsrechtliche, wettbewerbsrechtliche und steuerrechtliche Standards, infrage – vor allem aber, wie die Offenheit der Gesellschaft möglich bleibt. Srnicek (2017, S. 128) schlägt als Ausweg vor, die Plattformen nicht nur zu regulieren, sondern sie – auch unabhängig von staatlichen Überwachungsmechanismen – zu kollektivieren.

Printverlage 4

Das Jahr 2012 markierte eine der größten Entlassungswelle im Printsektor seit Bestehen der Bundesrepublik. Die qualitativ anerkannte Financial Times Deutschland, die seit Beginn ihrer Gründung rote Zahlen gemacht hatte, verabschiedete sich endgültig. Auch die Insolvenz der Frankfurter Rundschau und der Nachrichtenagentur dapd, die zurückgehenden Auflagenzahlen der führenden überregionalen Tageszeitungen Süddeutsche Zeitung und Frankfurter Allgemeine Zeitung und die Einsparungen des Nachrichtenmagazins Spiegel zeichneten eine düstere Zukunft der Printmedien (vgl. Humborg und Wermter 2014, S. 186 f.). Im Zuge dieser Schlagzeilen taumelt der Branchendiskurs zwischen dem Krisennarrativ, geprägt von einer Rhetorik des Niedergangs, und dem Aufbruchnarrativ, das in der Digitalisierung vor allem Chancen für einen neuen Journalismus sieht (vgl. Weichert et al. 2015, S. 28 ff.).

Ihre Blütezeit erlebte die Zeitungsbranche nach 1945 bis Mitte der 1990er Jahre. Damals führte praktisch kein Weg an der Zeitung vorbei, wenn der interessierte Bürger sich über das aktuelle Zeitgeschehen informieren wollte. „Es ist komisch, dass in der Welt immer gerade so viel passiert, wie in die Zeitung passt", soll Karl Valentin gesagt haben. Als De-Facto Monopolist refinanzierte sich die Zeitung überwiegend über das Anzeigengeschäft und zusätzlich über den Verkauf (vgl. Novy 2013, S. 20). Dieses Geschäftsmodell ist in den letzten Jahren weggebrochen – vor dem Hintergrund eines tief greifenden Strukturwandels, der maßgeblich, aber nicht ausschließlich mit der Verbreitung digitaler Medien zusammenhängt.

So stehen Printmedien heutzutage nicht nur in Konkurrenz mit einer explodierenden Anzahl an (meist kostenfreien) Nachrichtenangeboten im Internet, sondern auch mit den sogenannten „Prosumenten", die in der publizistischen Gesellschaft nicht nur konsumieren, sondern eigene Inhalte produzieren (vgl. Oswald 2013, S. 64). Hinzu kommen Werbeplattformen wie Facebook und Google, die keine

© Springer Fachmedien Wiesbaden GmbH, ein Teil von Springer Nature 2018
C. Humborg und T. A. Nguyen, *Die publizistische Gesellschaft*, essentials,
https://doi.org/10.1007/978-3-658-20959-9_4

eigenen Nachrichten redaktionell generieren, sondern bereits existierende Inhalte
je nach Person empfehlen (vgl. Novy 2013, S. 45). Während dieser Trend der
Personalisierung zunehmend kritisch betrachtet wird (siehe Kap. 8) und die Zeitungsbranche den schwindenden pluralitätsbildenden Journalismus beklagt (vgl.
ebd., S. 25), sind diese Plattformen für den Werbekunden ideal. Plattformen wie
ImmobilienScout24 ersetzen weitgehend die Kleinanzeigen in der Zeitung (vgl.
Weichert et al. 2015, S. 39). Lagen die Werbeumsätze in Tages- und Wochenzei-
tungen in Deutschland 2010 noch bei mehr als 3,6 Mrd. EUR, konnten die Verlage
im Jahr 2016 nur noch ca. 2,67 Mrd. EUR erlösen (vgl. Bundesverband Deutscher
Zeitungsverleger 2016). Dieser Rückgang hat die Einnahmestruktur der deutschen
Tagespresse völlig verändert: Während sich die Tageszeitungen in Deutschland
früher etwa zu zwei Dritteln aus Werbeeinnahmen und zu einem Drittel aus dem
Zeitungsverkauf finanzierten, so ist es heute fast umgekehrt: Der Zeitungsverkauf
macht mehr als die Hälfte der Erlöse aus (vgl. Novy 2013, S. 22).

Unter dem Druck der massiven Konkurrenz und des Verlusts im Werbemarkt
reagieren die Verleger geradezu panisch – mit dem Zusammenschluss mehrerer Redaktionen und mit Massenentlassungen (vgl. Weichert et al. 2015, S. 38).
Unsicherheiten unter den Redakteuren erschweren jegliche Entfaltungs- und Ent-
wicklungsmöglichkeiten und erzeugen „ein denkbar ungünstiges Innovations-
klima" (ebd., S. 50). Dies spiegelt sich auch im Auflagenrückgang wider: Von
2007 bis 2017 ist die Auflage der deutschen Tageszeitungen um fast 29 % gefallen – das sind 6,1 Mio. nicht gedruckte Zeitungen täglich (vgl. Statista 2017).

Über Jahrzehnte hin haben die Zeitungshäuser es versäumt, aktiv an neuar-
tigen Konzepten zu arbeiten. Als Werbeplattformen wie Google und Facebook
die Nutzergewohnheiten revolutionierten, fiel die Reaktion der Presseverlage
überwiegend reaktiv und punktuell aus (vgl. Weichert et al. 2015, S. 52 ff.): Auf
Google mit seiner Suchmaschine sollten Redaktionen suchmaschinenoptimiert
schreiben, damit die Texte der Zeitung über Googles Suchalgorithmen besser
gefunden werden. Davon abgesehen forderten die Zeitungshäuser das umstrit-
tene Leistungsschutzgesetz ein. Auf Youtube mit dem User-Generated-Content
reagierten sie kaum. Facebooks Revolution der virtuellen Community und Twit-
ters Erfolg brachten Zeitungshäuser lediglich dazu, eigene Accounts bei diesen
Diensten anzulegen. Bei all diesen Innovationen „blieb der Pressesektor innerhalb
der Medienwirtschaft jedoch ein weitgehend passiver Akteur" (ebd., S. 53). Was
sich ebenfalls im Nachhinein als ungünstig erwies: Um so schnell wie möglich
Reichweiten zu erzielen und darüber Werbeerlöse zu erwirtschaften, stellten die
meisten Zeitungen ihre Inhalte zunächst kostenlos ins Internet. Diese Strategie
trug mit dazu bei, dass sich nutzerseitig eine ‚Gratismentalität' bzw. ‚Kostenlos-
kultur' herausgebildet hat (vgl. ebd., S. 55).

Vor mehr als zehn Jahren sagte Meyer (2004) in seinem Buch „The Vanishing Newspaper" voraus, dass in den USA die letzte Zeitung im Jahr 2043 von der Druckwalze laufe. Diese These wurde damals als absurd abgetan (vgl. Novy 2013, S. 27). Heute mutmaßen Kommunikationswissenschaftler: Die gedruckte Zeitung wird zunehmend zu einem Nischenprodukt, sie stirbt nicht aus, aber es wird eine massive Konsolidierung geben (vgl. Clement und Wellbrock 2015), während die Menschen täglich produzierte journalistische Inhalte überwiegend in digitaler Form rezipieren werden (vgl. Novy 2013, S. 27).

Öffentlich-Rechtliche Rundfunkanstalten

5

Wie auch die Zeitung unterliegt das Fernsehen tief greifenden Veränderungen. Die Digitalisierung hat nicht nur neue Markt- und Wettbewerbsverhältnisse geschaffen, sie verändert auch die Art und Weise, wie Menschen fernsehen, und zwar hin zur zeitflexiblen, ortsunabhängigen und interaktiven Nutzung (vgl. Mayer 2013, S. 38 f). Statt Broadcasting wird das Fernsehen zunehmend zum Personalcasting. Mit der Mobilität des Fernsehens verändert sich auch die Nutzerpräferenz, die Rezipienten konsumieren vermehrt Häppchen-TV für zwischendurch (vgl. ebd., S. 42). Diese macht vor allem Videoportale wie Youtube populärer denn je, aber auch Online-Mediatheken der Fernsehsender sowie die Nutzung linearer Livestreams am Computer werden vermehrt genutzt.

Ein kurzer Blick in die Geschichte zeigt, dass das Fernsehen schon vieles durchgemacht hat, angefangen beim politischen Missbrauch unter dem Nationalsozialismus, nach dessen Ende dann die Gründung einer öffentlich-rechtlichen Rundfunkanstalt bis hin zur Einführung der privatwirtschaftlichen Sender (vgl. Mazur 2014, S. 1). Mit diesem dualen System sollte der Fernsehmarkt diverser gestaltet und ein publizistischer Wettbewerb angestrebt werden. Anders als die Privaten werden die Öffentlich-Rechtlichen größtenteils durch Rundfunkgebühren finanziert und verfolgen einen Bildungsauftrag. Angesichts der rund 8 Mrd. EUR, die den Öffentlich-Rechtlichen aus den Gebühren jährlich zufließen, geraten sie jedoch immer wieder unter Rechtfertigungsdruck. Besonders im Zuge der digitalen Ausweitung ihrer Angebote kam es oft zu Konflikten mit den Privatsendern und den Printverlagen wie beim Streit um die Tagesschau-App oder die Depublikationspflicht (vgl. Bundeszentrale für politische Bildung 2014; Piontek 2017). Konstruktiv kritisch äußerte sich eine Gruppe aus über 40 Wissenschaftlern aus verschiedenen Bereichen der Medien, Politik und Zivilgesellschaft in einem offenen Brief mit zehn Thesen zur Zukunft des öffentlich-rechtlichen Rundfunks (vgl. zukunft-öffentlich-rechtliche.de 2017).

© Springer Fachmedien Wiesbaden GmbH, ein Teil von Springer Nature 2018
C. Humborg und T. A. Nguyen, *Die publizistische Gesellschaft,* essentials,
https://doi.org/10.1007/978-3-658-20959-9_5

Das Fernsehen scheint immer noch sehr beliebt: 2016 hat jeder Bürger täglich
223 min. ferngesehen, 33 min. länger als im Jahr 2000. Bezüglich des Marktan-
teils ist das ZDF zum fünften Mal in Folge der meistgesehene Sender, gefolgt von
der ARD und den Dritten Programmen. Alle weiteren Sender sind unterhalb der
10-Prozent-Marke geblieben, RTL kommt auf 9,7 % (vgl. Zubayr und Gerhard
2017, S. 133 f.). Angesichts der Kritiken über die Berichterstattung der Krim-
Krise und den Bundestagswahlen 2017 sowie die Angriffe auf Journalisten und
„Lügenpresse"-Vorwürfen wird befürchtet, dass die etablierten Medien in Deutschland vor einer tiefen Vertrauenskrise stehen und sich zunehmend von einigen
Bevölkerungsteilen entfremden.

Aktuelle Studien zeigen, dass kein dramatischer Abwärtstrend in Bezug auf
Vertrauensverlust zu erkennen ist (vgl. Gescheidle und Geese 2017; Schultz et al.
2017). Hohe Glaubwürdigkeit genießen weiterhin die Öffentlich-Rechtlichen
sowie die klassischen Tageszeitungen (vgl. Schultz et al. 2017, S. 247). Immer
noch vertrauen Zuschauer der *Tagesschau* als Informationsquelle mit Abstand
am meisten, fast die Hälfte der Befragten (47 %) vermutet, dass Nachrichten hier
korrekt dargestellt werden. Bei der Frage, ob die Sender die Nachrichtenlage
unvoreingenommen abbilden, fällt für alle Nachrichtensendungen die Bewertung
eher zurückhaltend aus (vgl. Gescheidle und Geese 2017, S. 322). Die Forscher
vermuten, dass die Rezipienten heutzutage aufgrund der Zunahme an alternativen
Nachrichtenquellen die Berichterstattung der etablierten Medien kritischer hinterfragen. Allerdings sei „diese Entwicklung nicht erst während des letzten Unter-
suchungsintervalls zu beobachten, sondern eher längerfristig zu sehen und nicht
singulär einigen Ereignissen in der jüngeren Vergangenheit zuzuschreiben" (vgl.
ebd., S. 323).

Zu Bedenken geben einige Befunde der Studie von Schultz et al. (2017,
S. 247 f.): So ist der Anteil derer, die den etablierten Medien wenig oder gar nicht
trauen ebenso gestiegen wie der Anteil jener, die den etablierten Medien sehr
trauen. Die Bevölkerung polarisiert sich bei diesem Thema. Pauschalisierende
und radikale Positionen wie der Vorwurf der „Lügenpresse" sowie Verschwö-
rungsfanatiker sind zwar in der Minderheit, dennoch behauptet fast jeder fünfte
Befragte (19 %), die Medien würden die Bevölkerung systematisch belügen und
fast jeder Dritte (31 %) glaubt, die Medien in Deutschland würden als Sprach-
rohr der Mächtigen dienen (vgl. ebd., S. 253 f.). Die Forscher fassen zusammen,
dass zwar für eine alarmierende Krisendiagnose die Grundlage fehlt, dennoch
„ist nicht zu übersehen, dass ein harter Kern radikaler Kritiker existiert, die viel
Wirbel machen, regelrecht eine mediale Verschwörung unterstellen und auf große
Distanz zu den etablierten Medien und Institutionen gehen" (ebd., S. 255). Daher

sei es notwendig, weiterhin die medienkritischen und auch -misstrauischen Positionen im Blick zu behalten (vgl. ebd., S. 258).

Des Weiteren kämpfen die Sender, vor allem die Öffentlich-Rechtlichen, seit geraumer Zeit mit einem Problem, das im Zuge der Digitalisierung sich weiter verstärken könnte. Die Rede ist von der Abwendung junger Menschen vom Fernsehen. Hierbei zeigen die Statistiken ein durchwachsenes Bild: Während im Jahr 2000 die Tagesreichweite des Fernsehens bei den 14- bis 29-Jährigen bei 83 % lag, waren es 2015 nur noch 67 % (vgl. Feierabend et al. 2016, S. 121). Um sich täglich zu informieren, greifen bis zu 25 % zu privaten Radios, Blogs und soziale Netzwerke sowie Informationsangebote im Internet und 16 % zu den öffentlich-rechtlichen Fernsehinhalten (vgl. Engel und Rühle 2017, S. 398). Wenn die jungen Menschen sich nur für ein Medium entscheiden müssten, würden sich 70 % für das Internet entscheiden, und 16 % für das Fernsehen (vgl. van Eimeren und Ridder 2011, S. 5). Um diese Zielgruppe besser zu erreichen, versuchen sich die Sender in den letzten Jahren an verschiedenen Programmen wie ZDFNeo (ehemals ZDFdokukanal) und One (ehemals Einsfestival) oder an Online-Plattformen wie *funk* (von ARD und ZDF). Zum ersten Geburtstag verzeichnete *funk* vier Millionen Abonnenten sowie 256 Mio. Views bei Youtube (vgl. Becker 2017).

Der Ausbau neuer Digitalkanäle ist nur eine unter mehreren digitalen Strategieideen für die Öffentlich-Rechtlichen. So möchte ZDF-Fernsehratsmitglied Leonhard Dobusch das Thema der offenen Lizenzen weiter voranbringen. Er schlägt vor, Inhalte des öffentlich-rechtlichen Rundfunks auf gemeinnützigen Plattformen wie Wikipedia einzubinden, um mehr Menschen erreichen zu können: „Das entspricht dem Informationsauftrag besser, als etwas nur in einem ZDF-Archiv vorzuhalten" (Binsch 2016).

Plattformen und Medien 6

Private TV- und Radiosender leben ausschließlich, Zeitungen und Zeitschriften zu einem großen Teil von Werbeeinnahmen. Daher sind Medienhäuser durch den Siegeszug der Plattformen so unter Druck geraten.

Im ersten Halbjahr 2017 hat Facebook über 95 % und Google-Mutter Alphabet über 85 % der Erträge mit Werbung realisiert (vgl. Facebook 2017; Alphabet 2017). 2016 haben Facebook, Google und Alibaba rund 50 % der Einnahmen der gesamten digitalen Werbung weltweit auf sich vereinnahmt (vgl. eMarketer 2017). Staltz (2017) zeigt, dass Facebook und Google beim Zugriff auf die Websites der Medienhäuser eine immer wichtigere Rolle spielen und sich deren Abhängigkeit von den Plattformen erhöht: Ende 2016 kamen über 50 % der User über Facebook und Google auf deren Seite.

Aber auch die nicht werbefinanzierte Kultur- und Unterhaltungsindustrie hält dem Druck der Plattformen kaum stand. Schätzungsweise jedes zweite Buch in den USA wird über Amazon verkauft (vgl. Heuer 2017). Im Jahr 2015 hat der Verkauf von Vinylplatten Musikern mehr Erlöse verschafft als die Milliarden von Streams bei Youtube und ähnlichen werbefinanzierten Plattformen (vgl. Taplin 2017, S. 44).

Gleichwohl sind die Medienhäuser für die Plattformen sehr interessante Partner, denn sie liefern umfangreiche Inhalte, oftmals hochwertig abgesichert durch interne Qualitätsmechanismen. „Jonathan Rosenberg, the vice president of product management, told company brass in 2006 that Google must 'pressure premium content providers to change their model to free'" (Foer 2017, S. 90). Möglicherweise war das einer der Gründe, warum Amazon-Chef Bezos die traditionsreiche Washington Post im Jahr 2013 kaufte (vgl. Lobe 2015).

Die Plattformen versuchen, durch verschiedene Initiativen mit Medienhäusern zu partnern. In 2015 lud Facebook Medienhäuser ein, Artikel direkt auf Facebooks Server zu hosten. Dies spart einen Klick, um zum Artikel zu kommen und

© Springer Fachmedien Wiesbaden GmbH, ein Teil von Springer Nature 2018
C. Humborg und T. A. Nguyen, *Die publizistische Gesellschaft, essentials,*
https://doi.org/10.1007/978-3-658-20959-9_6

erhöhte die Performance, da die Ladezeit erheblich reduziert werden kann. Wenn die Medienhäuser die Anzeigen selbst steuern, erhalten sie 100 % der Erlöse, ansonsten 70 % bei Nutzung von Facebooks eigenem Anzeigenpool Audience Network. Allerdings verlieren die Medienhäuser ihre Startseitenfunktion für Leser, da diese nicht mehr auf die Website des Medienhauses gehen müssen, und Facebook erhält direkt die Nutzerdaten (vgl. Stephan 2015). Insgesamt ist zwei Jahre nach der Einführung der Erfolg des als Instant Article bezeichneten Produktes sehr bescheiden; die Gründungspartner Guardian und New York Times sind nicht mehr dabei (vgl. Speck 2017).

Google reagierte auf Facebooks Vorstoß mit AMP – Accelatered Mobile Pages. Bei dem Open Source-Ansatz werden die Inhaltsseiten schon im Hintergrund geladen, sodass ein erheblich schnellerer Zugriff möglich ist. Auch bei diesem Ansatz liegt die Website nicht mehr auf dem Server des Medienhauses, sondern auf Googles Servern.

Das AMP-Projekt ist Teil der viel größeren Digital News Initiative (DNI) von Google. Diese Initiative ist ein Angebot von Google an Medienhäuser in Europa und umfasst drei Bausteine: DNI Produkte, wie zum Beispiel AMP; DNI Training and Research; und den DNI Innovation Fund. Nach den ersten zwei Runden wurden mehr als 70 Mio. EUR an über 350 Projekte in 29 europäischen Ländern ausgeschüttet (vgl. Google 2017). Dies wirkt wie eine bedeutende Finanzspritze für den Journalismus in Europa. Allerdings erhält Google damit Einblicke in nahezu alle digitalen Innovationen von Medienhäusern in Europa. Außerdem wird es den geförderten Medienhäusern erschwert, unvoreingenommen über Google und seine Macht zu berichten. Aus Innovations- und Marketinggesichtspunkten erscheint die Summe daher wie eine günstige Investition für einen ganzen Kontinent.

Ende 2017 gab Facebook bekannt, auch Abomodelle mit Medienhäusern testweise anzubieten, das auf den Instant Articles ansetzt (vgl. Kuchler 2017). Damit will sich Facebook stärker den Geschäftsmodellbedürfnissen vieler Medienhäuser anpassen. Während alle Erlöse, das Preismodell und die Leserdaten beim Medienhaus liegen, bleibt Facebook als Plattform der Mittler, über den die Geschäfte abgewickelt werden.

Die Annäherungsversuche der Plattformen zeigen, welche Bedeutung Medienhäuser für sie haben. Gleichwohl ist es für Medienhäuser aufgrund ihrer verhältnismäßig geringen Größe kaum möglich, eine Partnerschaft auf Augenhöhe zu verhandeln, insbesondere wenn sie aus Ländern kommen, deren Sprache nur von wenigen gesprochen wird. Dazu gehört auch Deutsch, das weltweit nur von rd. 100 Mio. Menschen als Muttersprache gesprochen wird. Im globalen Wettbewerb der Plattformen ist dies eine entscheidende Variable und nicht etwa die Anzahl der Literaturnobelpreise, die Autoren aus der Sprachregion verliehen wurden.

Die New York Times gilt als digitales Erfolgsmodell eines traditionellen Medienhauses: Als englischsprachige Tageszeitung mit globalem Anspruch hat sie es geschafft, die Zahl ihrer rein digitalen Abonnenten im 2. Quartal 2017 auf 2,3 Mio. zu steigern – bei einem jährlichen Abopreis von 220 US$ (vgl. Jahn 2017). Setzt sich diese Erfolgsgeschichte fort, so ist zu fragen, bis wann sie noch als Medienhaus oder ab wann sie schon als Plattform zu betrachten ist.

Die Schwierigkeit im Umgang mit dieser wachsenden Hybridität zeigt sich in der unterschiedlichen Regulierung von Plattformen und Medienhäusern, obwohl sie sich in ihren Technologien und Inhalten immer weiter angenähert haben. So legt Paragraf 1, Abs. 1 des Netzwerkdurchsetzungsgesetzes fest, dass es nicht für „Plattformen mit journalistisch-redaktionell gestalteten Angeboten, die vom Diensteanbieter selbst verantwortet werden" gilt (vgl. Humborg 2017b). Der Begriff „Plattform" ist zwar im Gesetzestext zu finden, aber es werden verschiedene Arten von Plattformen unterschieden. Die sogenannten journalistisch-redaktionellen Plattformen sind laut Rundfunkstaatsvertrag verpflichtet, einen Verantwortlichen für die Website benennen, was dazu führt, dass sie mit großem Aufwand die veröffentlichten Kommentare und Userposts prüfen. Dieser Pflicht unterliegen Plattformen wie Facebook oder Youtube nicht und sie selbst vermeiden es, als Medienhaus wahrgenommen zu werden, oder über eine Redaktion zu verfügen. Aus anderen, nämlich moralischen Gründen spricht Lanier Facebook ab, ein Medienhaus zu sein: „Facebook ist kein Medienhaus, Facebook ist ein Konzern der Verhaltenskontrolle. Das muss man verstehen. Facebook kontrolliert Verhalten als eine Form der Machtausübung. Es zielt nicht primär auf Gewinne ab. Medien sind irrelevant für Facebook als Geschäft. Facebook gehören keine Medien, es könnte sich nicht weniger für deren Schicksal interessieren. Das Entscheidende ist, den Rückkanal für Informationen zu erobern, ihn feinfühlig zu manipulieren und darüber Verhalten zu beeinflussen" (Müller von Blumencron 2017).

Algorithmen 7

Ein Algorithmus bezeichnet eine Reihe von schrittweisen Befehlen, die durchgeführt werden sollen, um aus einer Eingabe eine Ausgabe zu erzeugen und damit ein Problem zu lösen (vgl. Mahnke 2015). Heute werden Algorithmen zu verschiedenen Zwecken wie Automatisierung, Mustererkennung, Risikoanalyse oder Kontrolle in sämtlichen Gesellschaftsbereichen angewendet.

In der Medienbranche erstellen Dienste wie Narrative Science oder Quakebot die ersten automatisierten Texte, Grafiken und Visualisierungen. Unternehmen wie Netflix oder Buzzfeed analysieren Nutzungsmuster ihrer Nutzer, um zu prognostizieren, welche Inhalte auf dem Werbe- und Publikumsmarkt gefragt sind (vgl. Heise 2016, S. 202). Bei Werbeplattformen bilden algorithmische Prozesse die Grundlage für die Sortierung und Filterung der Inhalte. Während journalistische Redaktionen eine Reihe von Nachrichtenwerten heranziehen, um die Relevanz eines Themas zu messen, befolgen Facebook und Google keine auf erkenntnistheoretischer Basis vordefinierten Kriterien. Lischka und Stöcker (2017) sprechen von einer „komplexen Wechselwirkung zwischen Nutzerverhalten und algorithmischen Systemen" (ebd., S. 8), bei der die Plattformen eine vorselektierte Auswahl an Inhalten bereitstellen und den Nutzer mit dieser interagieren lassen. Welche Inhalte er anklickt, gefällt, teilt oder ignoriert, wird von dem Algorithmus erfasst, ausgewertet und für den nächsten Selektionsprozess verwendet (vgl. ebd., S. 19 ff.). Hinzu kommt eine Vielzahl anderer Faktoren wie das Surfverhalten, die Profilinformationen, die Interaktion mit anderen Nutzern. Für Facebook und Google ist Relevanz sozusagen personalisiert: „Die optimale Passung von Inhalten an die Präferenzen Einzelner ist das oberste Ziel" (ebd., S. 26). Dies könnte im Hinblick auf die Meinungsbildung problematisch sein und zu einer stärkeren gesellschaftlichen Polarisierung führen (siehe Kap. 8). Durch ihre Fähigkeit, die Sichtbarkeit von Inhalten und Personen zu steuern, können die Werbeplattformen sogar Trends setzen oder kulturelle und soziale Erfahrungen

© Springer Fachmedien Wiesbaden GmbH, ein Teil von Springer Nature 2018
C. Humborg und T. A. Nguyen, *Die publizistische Gesellschaft*, essentials,
https://doi.org/10.1007/978-3-658-20959-9_7

der Nutzer prägen (vgl. Foer 2017, S. 74 ff.). Schuster et al. (2015) weisen ihnen
eine Gatekeeper-Funktion zu.

Algorithmen sind für den Nutzer oft undurchsichtig in Form, Funktionswei-
sen und Ergebnissen. Erstens basieren viele algorithmische Dienste auf einer
dezentralen Softwarearchitektur. Sie setzen sich aus Prozessen zusammen, die oft
unabhängig voneinander entwickelt worden sind. Zweitens werden sie permanent
optimiert: „[…] algorithms are made and remade in every instance of their use
because every click, every query, changes the tool incrementally" (Gillespie 2014,
S. 173). Selbst für die Entwickler wird es im Laufe der Zeit immer schwieriger,
sie in ihrer Gänze zu verstehen oder ihr „Verhalten" vorherzusagen (vgl. Napoli
2014). Drittens sind die Software und Code von den Anbietern aus geschäftspoli-
tischen Gründen geschützt oder um Missbrauch und Manipulation zu verhindern.
Obwohl Nutzer nur sehr wenig darüber wissen, gehen viele von ihnen aus, dass
zum Beispiel die Ergebnisse von Suchmaschinen neutral, unvoreingenommen und
relevant sind (vgl. Schuster et al. 2015). Tatsächlich stehen hinter den Algorithmen Menschen, die diese entwickeln, modifizieren und anpassen. Diese wiede-
rum sind eingebunden in Institutionen, Unternehmen, Werbetreibende usw. und
von deren Interessen und Zielen geprägt. Dadurch kann es zu Verzerrungen kommen (vgl. Napoli 2014), was zu unbeabsichtigten Folgen führen kann, aber auch
zur systematischen, unfairen Diskriminierung und Manipulation von Individuen
oder Gruppen (vgl. Heise 2016; Introna und Wood 2004; Cheney-Lippold 2011;
Zwitter 2014). Aufgrund dieser gewaltigen Potenziale und den tief greifenden
Auswirkungen auf gesellschaftliche Prozesse stellt sich die Frage, wie Macht-
missbrauch und Manipulation zu verhindern sind.

Ein Ansatz sind Selbstverpflichtungen der Anbieter, sich an normative Grund-
sätze wie Fairness zu binden sowie soziale Verantwortung zu übernehmen (vgl.
Heise 2016, S. 206). Eng mit der Selbstverpflichtung verbunden ist auch die
Forderung an Anbieter, mehr Transparenz zu zeigen – hinsichtlich der Ziele und
Zwecke, der genutzten Daten und der Einsatz von Filtern und Personalisierungs-
mechanismen (vgl. Diakopoulous 2015).

Die Selbstregulierung allein reicht jedoch nicht aus. In einem Manifest fordert
die gemeinnützige Organisation AlgorithmWatch unter anderem: „Demokratische Gesellschaften haben die Pflicht, [die] Nachvollziehbarkeit von [ADM-Pro-
zessen] herzustellen: durch eine Kombination aus Technologien, Regulierung
und geeigneten Aufsichtsinstitutionen" (AlgorithmWatch 2017). Es sollen klare
gesetzliche Rahmen entwickelt werden, die konkret regeln, welche Daten gesammelt und verarbeitet werden sowie welche technischen Mechanismen angewandt
werden dürfen (vgl. Heise 2016, S. 207).

Parallel soll der Nutzer in seiner Medienkompetenz, in seiner kritisch-reflexiven Umgang mit algorithmischen Medien gefördert werden (vgl. Schuster et al. 2015). Ebenso liegt es an Forschern, Hackern und Journalisten, über ihre Wirkweisen zu berichten sowie eventuelle Missstände öffentlich zu machen (vgl. Diakopoulous 2015).

Filterblasen 8

Als der Journalist und Aktivist Eli Pariser 2011 auf die Bühne des TED Talk trat und eine Rede über Algorithmen, Facebook und Google hielt, hat er einen Begriff geprägt, der bis heute die Debatte bestimmt: die „Filter Bubble". Eli Pariser befürchtet eine Zukunft, in der jeder Mensch in seiner eigenen digitalen Filterblase lebt und nur Inhalte konsumiert, die durch Algorithmen der Plattformen gefiltert werden. „And your filter bubble is your own personal, unique universe of information that you live in online. And what's in your filter bubble depends on who you are, and it depends on what you do. But the thing is that you don't decide what gets in. And more importantly, you don't actually see what gets edited out" (Pariser 2011).

Ein ähnliches Phänomen beschreibt die Metapher „echo chamber" (vgl. Sunstein 2001), bei dem Menschen unter Gleichgesinnten bleiben und nur ihre eigene Weltsicht als Echo reflektiert bekommen. Während die Filterblase vor allem die Risiken von algorithmisch-basierten Plattformen und die drohende Fragmentierung der Öffentlichkeit betont, behandelt das Phänomen der Echokammer eher die Meinungsbildungsprozesse in personalisierten Informationsumgebungen (vgl. Stark et al. 2017, S. 32). Beide Konzepte basieren auf dem Selective-Exposure-Ansatz. Dieser besagt, dass Menschen tendenziell Inhalte auswählen („Selective Exposure"), sie interpretieren („Selective Perception") und sich später besser an jene Informationen erinnern („Selective Retention"), die im Einklang mit ihren bereits bestehenden Vorstellungen stehen (vgl. Zillmann und Bryant 1985). Obgleich dieser Ansatz schon früh bekannt war, erregte er im Zeitalter der Massenmedien kaum Aufsehen. Denn es war die Aufgabe der Massenmedien, das Publikum mit redaktionell aufbereiteten Informationen zu versorgen und einen pluralistischen Meinungsmarkt herzustellen (vgl. Mahrt 2014, S. 132). Erst im Zuge der Digitalisierung und dem Aufstieg der Plattformen rückte der Selective-Exposure-Ansatz wieder in den Vordergrund.

© Springer Fachmedien Wiesbaden GmbH, ein Teil von Springer Nature 2018
C. Humborg und T. A. Nguyen, *Die publizistische Gesellschaft*, essentials,
https://doi.org/10.1007/978-3-658-20959-9_8

Heutzutage hat der Mensch Zugang zu einem gigantischen digitalen Infor-
mationspool und muss umso mehr gezielt suchen, stöbern oder anderweitig
auswählen (vgl. Mahrt 2014, S. 132). Eine Hilfe können Werbeplattformen wie
Facebook und Google bieten, die mithilfe von Algorithmen jene Sortier- und Fil-
terleistungen übernehmen. Da sie jedoch ökonomische Interessen verfolgen und
daher möglichst darauf aus sind, den Nutzern zu gefallen, wird befürchtet, dass
sie nur jene Inhalte anzeigen, die zum Weltbild der Nutzer passen. Die Öffentlichkeit würde zerfallen, weil Menschen in ihrer eigenen gefilterten Realität, in
ihrer digitalen Filterblase, leben und immer seltener zu einem großen Publikum
zusammenkommen. „Die gesellschaftliche Integration und die Chance auf gesellschaftlichen Konsens – Grundvoraussetzung für Stabilität in der Gesellschaft –
scheinen dadurch gefährdet" (Stark et al. 2014, S. 38).

Aufgrund dieser Befürchtungen widmet sich die Forschung vermehrt der
selektiven Nutzung von digitalen Medien. Mehrere Studien bestätigen die
Annahme, dass Nutzer auch im digitalen Zeitalter tendenziell zu Inhalten greifen,
die ihre politischen Einstellungen untermauern (vgl. Tewksbury 2003; Garrett
2009; Munson und Resnik 2010). Gleichzeitig führt die selektive Zuwendung zu
kongruenten Medien nicht notwendigerweise zur aktiven Vermeidung inkongru-
enter Inhalte (vgl. Trilling 2014; Garrett et al. 2013). Des Weiteren deutet eine
Reihe von Studien an, dass der Einfluss algorithmenbasierter Plattformen auf die
Meinungsbildung der Menschen geringer ist als befürchtet und der Effekt der
Filterblase überschätzt wird. Eine davon ist die Studie von Bakshy et al. (2015)
in Kooperation mit Facebook. Der Studie zufolge entstehen digitale Filterblasen
weniger durch Algorithmen denn aufgrund individueller Entscheidungen der Nutzer. Durch das Netzwerken auf Facebook sei die Chance sogar höher, dass Nutzer
auf andere politische Meinungen stoßen. Diese Studie wurde kontrovers diskutiert, unter anderem von Pariser. Er kritisiert unter anderem, dass die Forscher die
Ergebnisse klein geredet hätten, denn bei der Studie wurde ein zwar kleiner, dennoch signifikanter Einfluss von Algorithmen gemessen (vgl. Pariser 2015).

Vor dem Hintergrund der Bundestagswahlen 2017 veröffentlichte die Süddeutsche Zeitung eine groß angelegte Datenrecherche „Der Facebook-Faktor" über die
politische Facebook-Landschaft in Deutschland. Dazu wurden Facebook-Posts
der Parteien gesammelt und über eine Million Likes von 5000 politisch interes-
sierten Facebook-Nutzern ausgewertet. Ein zentrales Ergebnis: „Dicht versiegelte
Filterblasen, in denen Nutzer ausschließlich mit zur eigenen Einstellung passen-
den Informationen konfrontiert werden, gibt es auf politischer Ebene im deutschen Facebook praktisch nicht" (Brühl et al. 2017). Denn Facebook-Anhänger
aus unterschiedlichen politischen Lagern haben durchaus gleiche Interessen und
würden teilweise gleiche Seiten „gefallen". Die Ausnahme bildet das AfD-Milieu.

Deren Anhänger sind zwar nicht vollkommen abgeschottet, dennoch fällt auf, dass sie kaum Bezugspunkte zu Facebook-Seiten anderer politischer Lager haben und ganz anderen Medienseiten folgen (vgl. ebd.). Die digitale Isolierung der AfD-Anhänger erinnert an den rechten digitalen Stamm, den Seemann und Kreil (2017) in ihrer Twitter-Auswertung identifiziert haben (siehe Kap. 9).

Eine weitere Studie, die den Filterblasen-Effekt als gering einstuft, ist die von Stark et al. (2017) über den Einfluss von Facebook auf die Meinungsbildung. Laut Studie haben die meisten Nutzer ein breites Medienrepertoire. Facebook ist nur eine unter vielen genutzten Nachrichtenquellen und spielt im Hinblick auf konkrete politische Themen eine weniger wichtige Rolle als traditionelle Medien und deren digitale Pendants (vgl. Stark et al. 2017, S. 179 ff.). Dadurch „ist weiterhin eine gemeinsame inhaltliche Themenagenda zu finden, die von […] Facebook und Google nicht einschränkend beeinflusst wird" (ebd., S. 183). Die Fragmentierung der Publikumsagenda, so Stark et al., bleibt also bislang aus. Was den Effekt der Filterblase angehe, so sei der Anteil algorithmisch gesteuerter Informationen im Vergleich zum Anteil traditioneller, nicht-personalisierter Informationen (noch) zu gering, als dass Filterblasen gebildet werden können (vgl. ebd., S. 186). Dieser Befund sei jedoch kein Grund zur Entwarnung. Die Forscher appellieren: „Ob aus Algorithmenbasierter Informationsvermittlung gefährliche Filterblasen oder Echokammern werden, liegt in den Händen mehrerer gesellschaftlicher Gruppen und Institutionen: der Nutzer, des Gesetzgebers, der klassischen Massenmedien und nicht zuletzt von Facebook selbst. Sie alle tragen Verantwortung im digitalen Zeitalter und müssen sich ihrer (neuen) Rolle bewusst(er) werden" (ebd., S. 189).

Fake News – Fact Checking

9

Der Begriff „Fake News" bezeichnet eine Art der medial verbreiteten Fehl- und Desinformation. Wardle (2017) unterscheidet mehrere Arten von Desinformationen, von irreführenden Satiren/Parodien, ungenauen oder fehlerhaften Informationen bis hin zu betrügerischen, völlig frei erfundenen Inhalten. Das Konzept der Desinformation ist nicht neu. Doch im digitalen Zeitalter, in dem jeder zum potenziellen Produzent und Verteiler von Fake News werden kann, wird befürchtet, dass die „bewusste und interessengeleitete, also absichtliche, Verbreitung von Falschmeldungen" (Müller und Denner 2017, S. 8) noch stärker zunimmt und zu einer Gefahr für die Meinungsbildung der Bürger wird.

Noch steht die wissenschaftliche Untersuchung zu den digitalen Entwicklungen am Anfang. Allein die Quantifizierung der „Fake News" ist schwierig (vgl. Hegelich 2017). In einer von der Landesanstalt für Medien NRW (LfM) aufgegebenen Studie von 2017 gaben 59 % der Befragten an, dass sie Falschnachrichten im Internet schon mindestens einmal gesichtet haben (vgl. Landesanstalt für Medien NRW 2017, S. 1). In einer US-Studie gaben 32 % der Befragten an, oft komplett erfundene Nachrichten gesehen zu haben und weitere 39 %, dass dies manchmal der Fall sei (vgl. Barthel et al. 2016). Allcott und Genzkow (2017, S. 223 f.) haben im Rahmen des US-Wahlkampfs 2016 41 pro-Clinton und 115 pro-Trump Falschmeldungen identifiziert, die insgesamt 8 (pro-Clinton) bzw. 30 (pro-Trump) Millionen mal auf Facebook öffentlich geteilt wurden. Wie bedeutsam die Rolle dieser Falschmeldungen bei dem US-Wahlkampf letztlich gewesen ist, lässt sich aus diesen Daten allerdings nicht ableiten.

Werbeplattformen wie Facebook genießen im Vergleich zum Fernsehen oder Printmedien keine allzu große Glaubwürdigkeit (vgl. Schultz et al. 2017). Laut einer Studie von Engel und Rühle (2017, S. 406) empfinden nur 9 % der Befragten die Informationsinhalte von Blogs und Soziale Netzwerke als vertrauenswürdig. Eher werden sie als Unterhaltungsquelle angesehen – mit dem Zusatznutzen,

© Springer Fachmedien Wiesbaden GmbH, ein Teil von Springer Nature 2018   29
C. Humborg und T. A. Nguyen, *Die publizistische Gesellschaft,* essentials,
https://doi.org/10.1007/978-3-658-20959-9_9

über aktuelle Ereignisse sofort informiert zu werden (vgl. Schäfer et al. 2017). Bedenkenswert ist allerdings, dass Nachrichten vor allem auf Werbeplattformen oft schnell und mit wenig kognitivem Aufwand, also heuristisch rezipiert werden. Werden Fake News in einem solchen Umfeld platziert, kann es dazu kommen, dass Nutzer sich die Informationen unreflektiert und ungeprüft speichern (vgl. Hunt 2016). Wenn der Inhalt einer Fake News zu dem Weltbild passt, das ein Rezipient bereits mitbringt, ist die Wahrscheinlichkeit hoch, dass die entsprechende Meldung geglaubt und nicht hinterfragt wird (vgl. Swire et al. 2017; Schaffner und Roche 2017). So haben del Vicario et al. (2016) in einer Studie herausgefunden, dass sich bestimmte Falschinformationen auf Facebook vor allem in Kreisen von Nutzern mit ähnlichen Einstellungen und Weltanschauungen verbreiten.

Seemann und Kreil (2017) sprechen sogar von einem „Digitalen Tribalismus". Bei ihrer Fake News-Auswertung für Twitter haben sie einen rechten digitalen Stamm identifiziert. Menschen, die diesem angehören, haben sich von der etablierten Öffentlichkeit weitgehend abgespalten, sind immun gegen Richtigstellungen von Fake News, obwohl diese sie erreichen und verbreiten selbst Falschinformationen als Identifikationsstrategie ungeachtet der Wahrhaftigkeit oder Plausibilität der Informationen (vgl. ebd., S. 28 ff.). Dieses Phänomen sei nicht individualpsychologisch zu erklären, sondern habe soziokulturelle Ursachen. Menschen würden aus evolutionsbiologischen Gründen dazu neigen, Gruppen zu bilden, sich mit diesen zu identifizieren und sich von anderen abzugrenzen. Besonders im Zeitalter der Digitalisierung wird diese Stammesbildung vereinfacht: „Mit etwas Glück fände man Anhänger der eigenen steilen These, die man dann über das Internet vernetzen und mobilisieren kann" (ebd., S. 16). Diese digitalen Stämme zeichnet vor allem der starke thematische Fokus aus: „Dadurch wird eine starke Kohäsion und Homogenisierung nach innen erwirkt, aber vor allem eine starke Abgrenzung nach Außen" (ebd.).

Hinzu kommt, dass selbst Menschen, die dem Inhalt einer „Fake News" zunächst kritisch gegenüberstehen, mit der Zeit dennoch von der Botschaft beeinflusst werden können. Zum einen tendieren Rezipienten dazu, die Quelle der Botschaft nach einer gewissen Zeit zu vergessen und sich nur noch an die Information zu erinnern. Außerdem erscheinen Informationen tendenziell glaubwürdiger, je öfter sie wiederholt werden. So haben Pennycook et al. (2017) in einem Experiment gezeigt, dass mit jeder Wiederholung von Falschaussagen diese als glaubwürdiger eingestuft wurden.

Insgesamt lässt sich festhalten, dass Fake News ein Wirkungspotenzial haben. Noch ist schwer zu quantifizieren, wie viele davon ein Nutzer regelmäßig rezipiert. Wenn er mit einer Fake News in Kontakt kommt, dann wahrscheinlich über

Werbeplattformen und in einem heuristischen Verarbeitungsmodus. Je mehr der Inhalt der Fake News zu seinem Weltbild passt und je öfter der Nutzer mit diesem konfrontiert wird, desto höher ist die Wahrscheinlichkeit, dass er dem Glauben schenkt. „Sobald diese Personen aber hinterfragen, worin die persuasive Absicht einer ‚Fake News' besteht [...] dürfte dieses Wirkpotential wieder verpuffen" (Müller und Denner 2017, S. 16).

Nicht zuletzt nach den aufkommenden Diskussionen zu Fake News wird in der Öffentlichkeit über dessen Umgang diskutiert. Schnell ist von Fact Checking und von Warnhinweisen die Rede. Weltweit wurden in den vergangenen Jahren zahlreiche Fact-Checking-Projekte gegründet, 137 Projekte sind laut Datenbank des Duke Reporters' Lab Ende 2017 aktiv. In Deutschland beschäftigen sich derzeit beispielsweise der „Faktenfinder" von der Tagesschau und die Reihe „Fakt oder Fake" von Zeit Online aktiv mit dem Fact Checking (vgl. Duke Reporters' Lab 2017). Seit 2016 arbeitet Facebook mit mehreren Organisationen in den USA und in Deutschland mit dem Recherchezentrum Correctiv zusammen, um die Faktenlage von Nachrichten zu prüfen. Wird eine Meldung als fehlerhaft oder falsch entlarvt, so soll sie bei Facebook nicht gelöscht, sondern mit einem Hinweis versehen werden. Eine groß angelegte Studie von Pennycook und Rand (2017) zeigte jedoch: Warnhinweise helfen nur minimal. Sie hätten die Probanden nur um 3,7 % mehr dazu gebracht, Fake News als diese zu erkennen. Auch der zuvor erwähnte Verstärkungseffekt bei Wiederholungen konnte hier nachgewiesen werden.

Chan et al. (2017) stellen in ihrer Metastudie fest, dass ausführliche (wenngleich kritische) Berichte für Fake News unabsichtlich deren Wirkung verstärken könnten. Sie raten daher, so sparsam wie möglich über Fake News zu berichten. Wenn darüber aufgeklärt werden soll, dann müsse man mit neuen Belegen und einer entschiedenen Gegenbotschaft kommen. Über die Art und Weise der Aufklärung beschäftigen sich auch die Sozialpsychologen um Rothmund et al. (2017). Ihr Befund: Wenn Versuchspersonen in ihrer persönlichen oder sozialen Identität bestärkt werden, sind sie eher dazu bereit, Fakten zu akzeptieren, die eigentlich ihren Motivlagen widersprechen. Gegner des Klimawandels seien im Rahmen einer Studie offener für kritische Befunde, wenn vorher eine umweltbewusste Einstellung als patriotisch kommuniziert wurde. Die Wissenschaftler empfehlen daher einen kritischen Austausch auf Augenhöhe ohne soziale Stigmatisierungen (vgl. ebd.).

Crowdsourcing 10

Mit der Digitalisierung wurde die Möglichkeit der massenhaften Produktion von Inhalten in der publizistischen Gesellschaft geschaffen. Mit der entsprechenden Software wird nicht nur die zwar massenhafte, aber individuelle, sondern sogar kollaborative Erstellung von Inhalten ermöglicht. Prominentestes Beispiel ist Wikipedia, dessen Erfolg zeigt, dass es möglich ist, „mit Unterstützung des Internets Handeln von Menschen zu koordinieren" (Stegbauer 2009, S. 97; vgl. Reagle Jr. 2010, S. 63). „Kern von Wikipedia ist das Mediawiki-Programm, welches speziell für Wikipedia entwickelt wurde. […] Das Interessante daran ist vor allem, dass verschiedene Personen über das Internet an den gleichen Texten arbeiten können, sofern sie über einen Zugang zum Internet verfügen" (Stegbauer 2009, S. 98). Heute gehört Wikipedia als einzige nichtkommerzielle Website zu den am meisten aufgesuchten Websites weltweit (vgl. Niesyto 2017, S. 15) und trägt zur Demokratisierung der Wissenschaft im Hinblick auf den offenen, uneingeschränkten Zugriff auf Expertise bei (vgl. Pscheida 2010, S. 329). Jedem ist es prinzipiell möglich, am gesellschaftlichen Wissensdiskurs zu partizipieren.

Wikipedia ist im Selbstverständnis eine Enzyklopädie, ein Ordnungssystem des Wissens. Wichtige Prinzipien sind der neutrale Standpunkt und die Quellenbasierung, weswegen Wikipedia keine Primärquelle ist (vgl. Reagle Jr. 2010, S. 11). Diese Ansprüche differieren nicht massiv vom Journalismus mit dem wesentlichen Unterschied, dass journalistische Ergebnisse Primärquellen sein können. Niesyto (2017) zeigt, dass trotz des Neutralitätsanspruchs im Hinblick auf das enzyklopädische Ergebnis der Wikipedia die Wissenskoproduktion in der Wikipedia kaum nicht politisch sein kann.

Greenstein und Zhu (2016) haben am Beispiel der Encyclopædia Britannica und Wikipedia untersucht, ob eher ein großer Kreis ehrenamtlicher Autoren oder ein Experte es schafft, inhaltliche Beiträge mit einer geringeren Parteilichkeit

© Springer Fachmedien Wiesbaden GmbH, ein Teil von Springer Nature 2018
C. Humborg und T. A. Nguyen, *Die publizistische Gesellschaft,* essentials,
https://doi.org/10.1007/978-3-658-20959-9_10

zu verfassen. Bei den intensiv bearbeiteten Artikeln der Wikipedia können die Autoren keine Unterschiede zur Encyclopædia Britannica feststellen. Bei den Artikeln mit weniger als 2000 Bearbeitungen ist die Encyclopædia Britannica der Wikipedia im Hinblick auf Unparteilichkeit überlegen. „As the world moves from reliance on expert-based sources to collectively-produced intelligence, it seems unwise to blindly trust the properties of widely used information sources" (Greenstein und Zhu 2016, S. 32).

Möglichkeiten des Crowdsourcing im Journalismus finden sich unter anderem im partizipativen Journalismus: „Partizipativer Journalismus beteiligt die Nutzer zumindest am Prozess der Inhaltsproduktion, wird außerhalb der Berufstätigkeit ausgeübt und ermöglicht die aktive Teilhabe an der Medienöffentlichkeit" (Engesser 2008, S. 66; vgl. Buschow 2018, S. 306). 2015 rief das Journalismus-Projekt „Follow the Money", unterstützt von Medien wie Süddeutscher Zeitung, Deutschlandradio Kultur und Bayerischer Rundfunk zur Suche nach einem in der NS-Zeit verschwundenen Kunstwerk unter dem Titel Kunstjagd. Über 1000 Menschen beteiligten sich über den WhatsApp-Broadcast an der sechswöchigen Liverecherche.

Ein umfangreiches Crowdsourcing führte das Non-Profit-Recherchezentrum Correctiv in Zusammenarbeit mit der Frankfurter Allgemeinen Zeitung 2015 und 2016 durch. Zur Analyse der Geschäftsberichte der 414 Sparkassen in Deutschland wurde eine virtuelle Redaktion in Gestalt des technisch dafür entwickelten CrowdNewsroom gegründet. Die Inhalte der Recherche bezogen sich auf Vorstandsgehälter, Zinsniveaus und die Quote notleidender Kredite. Über 400 Menschen beteiligten sich an der Recherche.

Durch die Digitalisierung wurde auch die kollaborative Recherche von Redaktionen der traditionellen Medienhäuser erheblich erleichtert. Durch Veröffentlichungen zu den sogenannten „Paradise Papers" in 2017 wurde deutlich, wie Superreiche und Multinationals im globalen Maßstab Geldwäsche und Steuerhinterziehung betrieben haben. Über 350 Journalisten von 96 Medien aus 67 Ländern hatten sich an der Recherche der Süddeutschen Zeitung unter der Koordination des International Consortium of Investigative Journalists (ICIJ) beteiligt.

Crowdfunding 11

Das klassische Finanzierungsmodell journalistischer Inhalte ist im Wandel; Werbung oder Abonnements brechen ein, weil sich der Markt verändert hat. Immer mehr Journalisten nehmen die ökonomische Verantwortung selbst in die Hand und suchen nach Alternativen zum traditionellen Verlagsmodell. Einige wenden sich an das interessierte Publikum, an die Crowd, und betreiben Crowdfunding (vgl. Lovink 2016, S. 80 ff.).

Crowdfunding meint die Finanzierung durch einen breiten Sponsorenkreis, wobei dieser in der Regel hauptsächlich aus nicht-professionellen Einzelpersonen besteht (vgl. Prinzing und Gattermann 2015, S. 189). Die Idee des Crowdfunding ist nicht neu, durch die Digitalisierung wird Crowdfunding jedoch leichter organisierbar: Projekte lassen sich über digitale Plattformen einer breiten Masse präsentieren. Der Projektstarter präsentiert sein Projekt über Plattformen und stellt eine Zielmarke fest. Wenn er genügend Unterstützer innerhalb einer bestimmten Zeit findet, wird das Projekt realisiert, wenn nicht, fließen alle Unterstützungsgelder an die Förderer zurück (vgl. ebd., S. 187 f.). Im Wesentlichen sind zwei Modelle populär: erstens ein projektbezogenes Modell beispielsweise für eine Recherche, bei der nach der Recherche die Beziehung zum Sponsor endet; zweitens ein institutionelles Modell, bei dem dauerhafte Abonnenten oder Unterstützer für ein langfristiges Projekt geworben werden. Die Besonderheit am Crowdfunding ist, dass die Projektinitiatoren das Publikum überzeugen und sich gegen eine Vielzahl an Konkurrenz durchsetzen müssen. Burtch et al. (2013, S. 3) bezeichnen Crowdfunding daher als eine Kombination aus kollektiver Evaluierung und publikumsbasiertem Fundraising. Da bei der Förderung von journalistischen Crowdfunding-Projekten altruistische Beweggründe eine große Rolle spielen, spricht Aitamurto (2011) sogar von einer Art kollektive Intelligenz.

Als Finanzierungsform des Journalismus hat sich Crowdfunding etabliert: Auf der wahrscheinlich bekanntesten US-Plattform Kickstarter wurden von 2009 bis

© Springer Fachmedien Wiesbaden GmbH, ein Teil von Springer Nature 2018   35
C. Humborg und T. A. Nguyen, *Die publizistische Gesellschaft*, essentials,
https://doi.org/10.1007/978-3-658-20959-9_11

2015 insgesamt 658 journalistische Projekte mit 6,3 Mio. US$ gefördert (vgl. Bullard 2016). Laut einer Studie vom Pew Research Center stammen über 71 % der geförderten Projekte von individuellen Journalisten(gruppen), die nicht einer etablierten Redaktion angehören (vgl. Vogt und Mitchell 2016, S. 3). Besonders beliebt sind vor allem nachhaltige, analytische, dokumentarische Magazin-, Website- und Buchprojekte, die insgesamt 43 % ausmachen (vgl. ebd., S. 13). Auf der größten deutschen Crowdfunding-Plattform Startnext versammeln sich unterschiedliche journalistische Projekte. Sie reichen von einzelnen Rechercheprojekten über Special-Interest-Magazine bis hin zu Radiosendern und Videoreportagen, wobei Sportthemen bei den Usern am besten ankommen (vgl. Prinzing und Gattermann 2015, S. 198 f.).

Die empirische Forschung im deutschsprachigen Raum ist noch rar. 2014 befragten Degen und Spiller (2014) die Betreiber der Plattformen VisionBakery, Nordstarter und Pling aktiv. Sie resümieren, dass die Bedeutung von Crowdfunding für journalistische Projekte in Deutschland gering ist (vgl. Degen und Spiller 2014, S. 210 f.): So seien die Zahlen der aktiven Plattformen noch zu wenig, überwiegend würden Spezialinteressen bedient und nur in sehr wenigen Fällen investigative Projekte gefördert. Ungefähr ein Jahr später untersuchten Prinzing und Gattermann (2015) die Plattformen Krautreporter, Startnext und VisionBakery und befragten sowohl Projektverantwortliche als auch Förderer. Sie kamen zu folgenden Schlüssen: Crowdfunding wird als eine von mehreren Möglichkeiten angesehen, vor allem Recherchen und professionellen Journalismus zu finanzieren. Konkret werden bisher vor allem aufwendige Recherchereisen und Sportjournalismus durch Crowdfunding unterstützt (vgl. Prinzing und Gattermann 2015, S. 198). Da der Erfolg solcher projektbezogener Modelle meist auf der Zahlungsbereitschaft des persönlichen Netzwerks des Projektstarters beruht, kann es nur eine kleine, ergänzende Rolle für Innovatives einnehmen (vgl. Humborg 2017a, S. 75).

Das wahrscheinlich bekannteste Erfolgsbeispiel ist das niederländische Digitalmagazin De Correspondent, das mit 1,7 Mio. US$ den bisherigen Rekord für ein journalistisches Crowdfunding-Großprojekt hielt (vgl. Winterbauer 2017). Co-Gründer Ernst-Jan Pfauth und Rob Wijnberg wollten ein Format kreieren, das nicht nur über unmittelbares Geschehen berichtet, sondern Hintergründe liefert und Weitsicht beweist (vgl. Bullard 2016). Sie wollten ein Format, das „only think(s) about the needs of our readers, our members" (ebd.). Acht Tage nach dem Start der Crowdfunding-Aktion im März 2013 erreichten sie ihr Ziel. Das Besondere am Format: Die Zahlenden sind nicht nur Konsumenten, sondern Mitglieder einer Community und in den journalistischen Prozess involviert: „Seen as members of a community rather than simply consumers of content, readers will be asked to weigh in on the investment of new funds and encouraged to contribute their expertise on specific topics" (Bullard 2016). Ende 2017 war De Correspondent mit ca. 60.000 zahlenden Abonnenten ein etablierter Bestandteil der niederländischen Medienlandschaft (vgl. De Correspondent 2017).

2014 erregte ein ambitioniertes Projekt Aufsehen in Deutschland: Krautreporter sammelte zwischen Mai und Juli 2014 mehr als eine Million Euro von mehr als 17.500 Förderern ein, wovon rund 60.000 EUR von Stiftungen und Unternehmen stammten (vgl. Prinzing und Gattermann 2015, S. 195). Mittlerweile wurde das Modell in eine Genossenschaft umgewandelt und „ist aus der öffentlichen Wahrnehmung weitgehend verschwunden" (Winterbauer 2017).

Das Schweizer Journalismus-Projekt „Republik", das von sich selbst behauptet: „eine kleine Rebellion. Für den Journalismus. Und gegen die Medienkonzerne" zu sein, startete im Sommer 2017 (vgl. Republik 2017). Schon nach fast acht Stunden erreichten die Initiatoren ihr Startziel von 3000 Abonnenten und 750.000 Franken und bekamen somit die versprochene Starthilfe von 3,5 Mio. Franken der Investoren (vgl. ebd.). Von Anfang an gründeten die Macher zwei Gesellschaften: Eine Genossenschaft (Project R) soll gemeinnützig die Rolle des Journalismus stärken und eine gewinnorientierte Aktiengesellschaft (Republik) bringt das Online-Magazin heraus (vgl. Winterbauer 2017).

Non-Profit-Journalismus

12

Ein wichtiger Impuls für den Aufstieg des Non-Profit-Journalismus ist der investigative bzw. Recherchejournalismus. Dieser ist durch Aufdeckung von Missständen, umfassender Recherche und oft Langfristigkeit gekennzeichnet (vgl. Weischenberg 2018, S. 248 ff.). Der investigative Journalismus ist isoliert betrachtet in aller Regeln nicht kostendeckend zu finanzieren, da die Recherchekosten für den einzelnen Artikel oder die Artikelserie kaum durch anteilige Abo- bzw. Werbekosten gedeckt werden können. Tatsächlich kommt es zu einer Subventionierung, da die Veröffentlichung von Investigativartikeln als wichtiges Merkmal einer Marke angesehen wird. So haben beispielsweise Süddeutsche Zeitung, Die Zeit und Die Welt eigene Investigativteams. Mit der Digitalisierung und der damit möglichen ökonomischen Konfektionierung von Artikeln gerät gerade der investigative Journalismus unter Druck. Daher überrascht es wenig, dass die erste Non-Profit-Journalismusorganisation eine stark investigative Ausrichtung hat. Im Jahr 1977 wurde das Center for Investigative Reporting (CIR) in Kalifornien gegründet.

Mit der Digitalisierung kam es zu einer Gründungswelle von Non-Profit-Journalismusorganisationen. 2007 wurde ProPublica in New York mit wesentlicher Unterstützung der Stiftung des Bankierehepaares Herbert und Marion Sandler gegründet (Weichert 2013, S. 224), das bis 2017 bereits dreimal den renommierten Pulitzer-Preis gewonnen hat (vgl. Friedland und Konieczna 2011, S. 30). Weitere wichtige Neugründungen in den USA waren Texas Tribune, The Lens, Voice of San Diego und MinnPost (vgl. Weichert 2013, S. 230). Im Institute for Non-Profit News waren 2017 über 120 US-amerikanische Non-Profit-Journalismusorganisationen zusammen geschlossen. Neben einer investigativen Ausrichtung findet sich bei vielen dieser Non-Profits eine lokale Ausrichtung als Folge des Niedergangs der Lokalzeitungen in den USA. Prominentestes Beispiel einer Non-Profit-Journalismusorganisation in Asien ist Newstapa in Seoul, „ein

© Springer Fachmedien Wiesbaden GmbH, ein Teil von Springer Nature 2018
C. Humborg und T. A. Nguyen, *Die publizistische Gesellschaft,* essentials,
https://doi.org/10.1007/978-3-658-20959-9_12

Video-Newsportal mit aufklärerischem und enthüllendem Anspruch" (Schnedler und Schuster 2015, S. 30). In Europa finden sich Neugründungen wie CRJI (Rumänien), SCOOP (Dänemark), OCCRP (Zentral- und Osteuropa), BIJ (Großbritannien), IRPI (Italien), Investico (Niederlande), und Investigate Europe (Europäische Union).

In Deutschland setzte die Gründungswelle erst später ein. Im Jahr 2008 wurde in Regensburg das lokaljournalistische Angebot *Regensburg Digital* gegründet (vgl. Schnedler und Schuster 2015, S. 11). 2011 wurde die *KONTEXT: Wochenzeitung* in Stuttgart gegründet. Überregionale Aufmerksamkeit erregte sie mit ihrer Berichterstattung zum Bahnhofsprojekt Stuttgart 21. Das Angebot ist wenig digital ausgerichtet. Einmal wöchentlich liegt die gedruckte Ausgabe der Zeitung *die tageszeitung (taz)* bei (Schnedler und Schuster 2015, S. 21). Das im Jahr 2012 gestartete lokaljournalistische Angebot *Hamburg Mittendrin* wurde 2016 eingestellt (vgl. Schnedler und Schuster 2015, S. 11).

Drei wichtige neu gegründete Non-Profit-Journalismusorganisationen in Deutschland Correctiv, Finanztip und netzpolitik.org wurden 2013 gegründet bzw. als gemeinnützig anerkannt. Finanztip ist ein unabhängiger Verbraucher-Ratgeber, der sich durch „Affiliate-Links, also durch den Verkauf von Links an jene Unternehmen, deren Produkte zuvor die Redaktion getestet hat" finanziert (Schnedler und Schuster 2015, S. 11). Redaktion und Link-Vertrieb sind organisatorisch getrennt. Finanztip hat neben dem Onlineangebot einen populären wöchentlichen Newsletter und bietet zu vielen Verbraucherfragen wie Autoversicherung, Mobilfunkvertrag, Stromanbieter und Bankkonto Empfehlungen an. Netzpolitik.org wurde bereits 2002 gegründet und 2013 als gemeinnützig anerkannt und bietet als Blog Informationen zu digitalen Freiheitsrechten und netzpolitischen Themen. Correctiv ist ein investigatives Recherchezentrum, dessen Start maßgeblich durch die Brost Stiftung finanziert wurde, die 3 Mio. EUR für die ersten drei Jahre bereit stellte (Bouhs 2014). Correctiv recherchiert langfristig zu vernachlässigten Themen wie Klimawandel, Arbeitswelt, Korruption, Organisierte Kriminalität, Gesundheit und Pflege und deckt Missstände auf. Daneben bildet Correctiv ein Bildungsprogramm zum aufklärenden Journalismus an. 2016 hatte Correctiv Einnahmen von rund 1,7 Mio. EUR, vornehmlich durch Stiftungen und regelmäßige Spenden von Einzelpersonen.

Correctiv, Finanztip und netzpolitik.org sind vom jeweils zuständigen Finanzamt als gemeinnützig anerkannt. Finanztip und netzpolitik.org verfolgen den Förderungszweck der Verbraucherberatung und des Verbraucherschutzes; Correctiv verfolgt die Förderungszwecke Volks- und Berufsbildung, Jugendhilfe, Kunst und Kultur, internationale Gesinnung, Toleranz auf allen Gebieten der Kultur und des Völkerverständigungsgedankens, Verbraucherberatung und Verbraucherschutz und des demokratischen Staatswesens (vgl. Correctiv 2017, S. 1).

Seit 2014 wird – gerade in Nordrhein-Westfalen – darüber diskutiert, ob und wie grundsätzlich der Journalismus gemeinnützig anerkannt werden kann (vgl. Schmidt-Völlmecke 2017, S. 99 ff.). Dies wäre durch eine Änderung des Zwecke-kataloges in Paragraf 52 der Abgabenordnung möglich. Alternativ könnte im Anwendungserlass zur Abgabenordnung klargestellt werden, dass Journalismus der Volksbildung dient. Allerdings ergibt sich die Frage, wie gemeinnütziger Jour-nalismus vom kommerziellen Journalismus abzugrenzen ist. ProPublica und Cor-rectiv wenden das „Steal our Stories"-Prinzip an, wonach die Beiträge und Artikel mit Quellenangabe republiziert werden können. Diese weitreichenden Nutzungs-rechte an Urheberrechten können ein Ansatzpunkt einer Abgrenzung sein.

Gleichwohl gibt es Beispiele von Journalismusorganisationen, die sich als Non-Profit-Journalismusorganisationen verstehen, ohne zu planen, vom zustän-digen Finanzamt die Gemeinnützigkeit bescheinigt zu bekommen. Dies trifft auf die tageszeitung (taz) zu, die seit 1992 als Genossenschaft organisiert ist (vgl. Eumann 2011, S. 91). Auch Associated Press (AP), eine der weltweit größten Nachrichtenagenturen, ist als Non-Profit-Genossenschaft organisiert (vgl. Eumann 2011, S. 73f.). Eine alte, aber kaum als solche wahrgenommene Non-Profit-Journalismusorganisation in Deutschland ist die gemeinnützige Fazit-Stiftung, der über 90 % der Anteile der Frankfurter Allgemeinen Zeitung gehören (vgl. Bergmann und Novy 2013, S. 203).

2017 gaben die New York Times und The Guardian unabhängig voneinander bekannt, dass sie sich zukünftig um Spenden und Zuwendungen von Stiftungen bemühen wollen (vgl. Beisel 2017; Newman et al. 2017, S. 23). Während die New York Times dazu eine eigene Abteilung aufbaut, hat The Guardian dazu eine Stiftung gegründet (vgl. Tsang 2017). Damit werden die Markenprofile als nicht der Gewinnerzielungsabsicht, sondern der Allgemeinheit dienend geschärft. Das Non-Profit-Organisationsmodell ist im Zeitalter des Plattformkapitalismus ein wichtiger Pfeiler der Unabhängigkeit der Medien.

Was Sie aus diesem *essential* mitnehmen können

- Die Digitalisierung ist Bedrohung und Chance zugleich: bestehende Akteure und Institutionen werden verschwinden, aber eine neue Welle von Aufklärung, Demokratisierung und Emanzipation wird ermöglicht.
- Die Werbeplattformen drohen globale Monopole der Meinungsmacht zu werden.
- Die gedruckte Zeitung wird zum Nischenprodukt.
- Klare gesetzliche Rahmenbedingungen zur Datensammlung und zur Transparenz ihrer Verarbeitung sind geboten.
- Der Non-Profit-Journalismus wird neben kommerziellen und gebührenfinanzierten Journalismus zur dritten Säule in der Journalismusfinanzierung.

© Springer Fachmedien Wiesbaden GmbH, ein Teil von Springer Nature 2018
C. Humborg und T. A. Nguyen, *Die publizistische Gesellschaft,* essentials,
https://doi.org/10.1007/978-3-658-20959-9

Literatur

Aitamurto, Tanja. 2011. The impact of crowdfunding on journalism. *Journalism Practice* 4:429–445.

AlgorithmWatch. 2017. Das ADM-Manifest. https://algorithmwatch.org/de/das-adm-manifest-the-adm-manifesto/. Zugegriffen: 15. Dez. 2017.

Allcott, Hunt, und Matthew Gentzkow. 2017. Social media and fake news in the 2016 election. *Journal of Economic Perspectives* 31 (2): 211–236.

Alphabet. 2017. Alphabet announces second quarter 2017 results. https://abc.xyz/investor/news/earnings/2017/Q2_alphabet_earnings/. Zugegriffen: 18. Dez. 2017.

Bakshy, Eytan, Solomon Messing, und Lada Adamic. 2015. Exposure to ideologically diverse news and opinion on Facebook. *Science* 348 (6239): 1130–1132.

Barthel, Michael, Amy Mitchell, und Jesse Holcomb. 2016. Many Americans believe fake news is sowing confusion. *Pew Research Center*. http://www.journalism.org/2016/12/15/many-americans-believe-fake-news-is-sowing-confusion/. Zugegriffen: 10. Dez. 2017.

Bauerlein, Monika. 2017. Journalism is imploding just when we need it most. *motherjones.com*. http://www.motherjones.com/politics/2017/11/journalism-is-imploding-just-when-we-need-it-most/. Zugegriffen: 18. Dez. 2017.

Becker, Alexander. 2017. Vier Millionen Abonnenten und 256 Millionen Views bei YouTube: Die erste Bilanz vom ARD/ZDF-Jugendangebot Funk. *meedia.de*. http://meedia.de/2017/09/28/vier-millionen-abonnenten-und-256-millionen-views-bei-youtube-die-erste-bilanz-vom-ardzdf-jugendangebot-funk/. Zugegriffen: 20. Nov. 2017.

Beisel, Karoline Meta. 2017. Gutes Geld. *sueddeutsche.de*. http://www.sueddeutsche.de/medien/journalismus-gutes-geld-1.3652201. Zugegriffen: 18. Dez. 2017.

Bergmann, Knut, und Leonard Novy. 2013. Zur Konkretisierung der Debatte über philanthropische Finanzierungsmodelle. In *Journalismus in der digitalen Moderne*, Hrsg. Leif Kramp, et al., 201–212. Wiesbaden: Springer VS.

Binsch, Jessica. 2016. Das ZDF hat jetzt Internet. *sueddeutsche.de*. http://www.sueddeutsche.de/digital/tv-aufsicht-das-zdf-hat-jetzt-internet-1.3067335. Zugegriffen: 10. Dez. 2017.

Bouhs, Daniel. 2014. Nur die Harten dürfen mitmachen. *taz.de*. http://www.taz.de/!5038222/. Zugegriffen: 18. Dez. 2017.

© Springer Fachmedien Wiesbaden GmbH, ein Teil von Springer Nature 2018
C. Humborg und T. A. Nguyen, *Die publizistische Gesellschaft*, essentials,
https://doi.org/10.1007/978-3-658-20959-9

Bouhs, Daniel. 2016. Im Dienste der Gesellschaft? *taz.de*. http://www.taz.de/!5345478/. Zugegriffen: 18. Dez. 2017.

Braun, Herbert. 2017. Kommentar zu Google AMP – Der goldene Käfig. *heise.de*. https://www. heise.de/newsticker/meldung/Kommentar-zu-Google-AMP-Der-goldene-Kaefig-3657037. html. Zugegriffen: 18. Dez. 2017.

Brühl, Jannis, Katharina Brunner, und Sabrina Ebitsch. 2017. Der Facebook-Faktor. Wie das soziale Netzwerk die Wahl beeinflusst. *Sueddeutsche.de*. http://gfx.sueddeutsche.de/ apps/e502288/www/. Zugegriffen: 10. Dez. 2017.

Bullard, Gabe. 2016. Crowdfunding the news. *Nieman Reports*. http://niemanreports.org/ articles/crowdfunding-the-news/. Zugegriffen: 10. Nov. 2017.

Bundesverband Deutscher Zeitungsverleger. 2016. Die deutschen Zeitungen in Zahlen und Daten 2016. https://www.bdzv.de/fileadmin/bdzv_hauptseite/aktuell/publikatio-nen/2016/ZDF_2016.pdf. Zugegriffen: 1. Nov. 2017.

Bundeszentrale für politische Bildung. 2014. Die Zukunft des öffentlich-rechtlichen Rund-funks im digitalen Zeitalter. *bpb.de*. http://www.bpb.de/gesellschaft/medien/medienpoli-tik/171926/einfuehrung-in-die-debatte?p=all. Zugegriffen: 20. Dez. 2017.

Burtch, Gordon, Anindya Ghose, und Sunil Wattal. 2013. An empirical examination of the antecedents and consequences of contribution patterns in crowd-funded markets. *Infor-mation Systems Research* 24 (3): 499–512.

Buschow, Christopher. 2018. *Die Neuordnung des Journalismus – Eine Studie zur Gründung neuer Medienorganisationen*. Wiesbaden: VS Springer.

Chan, Man-pui Sally, Christopher R. Jones, Kathleen Hall Jamieson, und Dolores Albar-racín. 2017. Debunking – A meta-analysis of the psychological efficacy of messages countering misinformation. *Psychological Science* 28 (11): 1531–1546.

Cheney-Lippold, John. 2011. A new algorithmic identity – Soft biopolitics and the modula-tion of control. *Theory, Culture and Society* 28 (6): 164–181.

Cheney-Lippold, John. 2017. *We are data: Algorithms and the making of our digital selves*. New York: New York University Press.

Clement, Michael, und Christian-Mathias Wellbrock. 2015. 13 Thesen zur Zukunftsfähig-keit der Zeitung. *meedia.de*. http://meedia.de/2015/11/12/13-thesen-zur-zukunftsfaehig-keit-der-zeitung/. Zugegriffen: 20. Dez. 2017.

Correctiv. 2017. Gesellschaftsvertrag vom 2. Mai 2017. *correctiv.org*. https://correctiv.org/ media/public/7b/de/7bdee584-8be1-4743-b77c-94fc7c80a37f/satzung_fuer_internet_ stand_april_2017.pdf. Zugegriffen: 18. Dez. 2017.

De Correspondent. 2013. https://thecorrespondent.com/. Zugegriffen: 1. Dez. 2017.

Degen, Matthias, und Ralf Spiller. 2014. Crowdfunding im Journalismus. In *Journalis-mus ist kein Geschäftsmodell: Aktuelle Studien zur Ökonomie und Nicht-Ökonomie des Journalismus*, Hrsg. Frank Lobigs und Gerret von Nordheim, 201–218. Baden-Baden: Nomos.

Del Vicario, Michela, Allesandro Bessi, Fabiana Zollo, Fabio Petroni, Antonio Scala, Guido Caldarelli, H. Stanley Eugene, und Walter Quattrociocchi. 2015. The spreading of misinformation online. *Proceedings of the National Academy of Sciences* 113 (3): 554–559.

Diakopoulos, Nicholas. 2015. Towards a standard for algorithmic transparency in the media. *Tow Center for Digital Journalism*. https://towcenter.org/towards-a-standard-for-algorithmic-transparency-in-the-media/. Zugegriffen: 5. Dez. 2017.

Duke Reporters' Lab. 2017. Fact checking. https://reporterslab.org/fact-checking/. Zugegriffen: 10. Dez. 2017.

eMarketer. 2017. Net digital ad revenue share worldwide, by company, 2016–2019. http://www.emarketer.com/Chart/Net-Digital-Ad-Revenue-Share-Worldwide-by-Company-2016-2019-of-total-billions/205364. Zugegriffen: 18. Dez. 2017.

Engel, Bernhard, und Angela Rühle. 2017. Medien als Träger politischer Information. Ergebnisse aus der Studienreihe „Medien und ihr Publikum" (MiP). *Media Perspektiven* 7–8:388–407.

Engesser, Sven. 2008. Partizipativer Journalismus – Eine Begriffsanalyse. In *Kommunikation, Partizipation und Wirkungen im Social Web – Strategien und Anwendungen – Perspektiven für Wirtschaft, Politik und Publizistik*, Hrsg. Ansgar Zerfaß, Martin Welker, und Jan Schmidt, 47–71. Köln: Halem.

Eumann, Marc Jan. 2011. *Journalismus am Abgrund? Wie wir in Zukunft Öffentlichkeit finanzieren*. Berlin: vorwärts buch.

Facebook. 2017. Second quarter 2017 financial highlights. https://investor.fb.com/investor-news/press-release-details/2017/Facebook-Reports-Second-Quarter-2017-Results/default.aspx. Zugegriffen: 18. Dez. 2017.

Feierabend, Sabine, Walter Klingler, und Irina Turecek. 2016. Mediennutzung junger Menschen im Langzeitvergleich. *Media Perspektiven* 2:120–128.

Flaxman, Seth, Sharad Goel, und Justin M. Rao. 2016. Filter bubbles, echo chambers, and online news consumption. *Public Opinion Quarterly* 80 (Special Issue): 298–320.

Floridi, Luciano. 2015. *Die 4. Revolution – Wie die Infosphäre unser Leben verändert*. Berlin: Suhrkamp.

Foer, Franklin. 2017. *World without mind – The existential threat of big tech*. New York: Penguin.

Friedland, Lewis A., und Magda Konieczna. 2011. *Finanzierung journalistischer Aktivitäten durch gemeinnützige Organisationen in den USA*, Hrsg. Technische Universität Dortmund und Forum for Active Philanthropy. http://mediafunders.net/projekt/wp-content/uploads/2011/07/Studie_Stiftungsfinanzierter_Journalismus_in_USA_final.pdf. Zugegriffen: 18. Dez. 2017.

Garrett, R. Kelly. 2009. Echo chambers online? Politically motivated selective exposure among internet news users. *Journal of Computer-Mediated Communication* 14 (2): 265–285.

Garrett, R. Kelly, Dustin Carnahan, und Emily K. Lynch. 2013. A turn toward avoidance? Selective exposure to online political information, 2004–2008. *Political Behavior, March 2013* 35 (1): 113–134.

Gescheidle, Claudia, und Stefan Geese. 2017. Die Informationsqualität der Fernsehnachrichten aus Zuschauersicht. *Media Perspektiven* 6:310–324.

Gillespie, Tarleton. 2014. The relevance of algorithms. In *Media technologies. Essays on communication, materiality, and society*, Hrsg. Tarleton Gillespie, Pablo Boczkowski, und Kirsten Foot, 167–194. Cambridge: MIT.

Google. 2017. DNI projects. digitalnewsinitiative.com/dni-projects/. Zugegriffen: 18. Dez. 2017.

Greenstein, Shane, und Feng Zhu. 2016. *Do experts or collective intelligence write with more bias? Evidence from Encyclopædia Britannica and Wikipedia*, Hrsg. Harvard Business School, Boston (Working Paper 15-023). http://www.hbs.edu/faculty/Publication%20Files/15-023_e044cf50-f621-4759-a827-e9a3bf8920c0.pdf. Zugegriffen: 18. Dez. 2017.

Hartley, John. 2000. Communicative democracy in a redactional society – The future of journalism studies. *Journalism* 1 (1): 39–48.

Hegelich, Simon. 2017. Social Bots, Trolle, Fake-News – Wie gefährlich sind sie für die Demokratie? *Die Politische Meinung* 543:32–35.

Heise, Nele. 2016. Algorithmen. In *Handbuch Medien- und Informationsethik*, Hrsg. Jessica Heesen, 202–209. Stuttgart: Metzler.

Heuer, Steffan. 2017. Im goldenen Käfig. *brandeins.de.* https://www.brandeins.de/archiv/2017/ wettbewerb/plattform-kapitalismus-im-goldenen-kaefig/. Zugegriffen: 18. Dez. 2017.

Hooffacker, Gabriele. 2016[4]. *Online-Journalismus – Texten und Konzipieren für das Internet – Ein Handbuch für Ausbildung und Praxis.* Wiesbaden: Springer VS.

Humborg, Christian. 2017a. Je bunter, je besser – Inhalte, Form und Finanzierung unabhängiger Medien. In *Medien und Journalismus 2030 – Perspektiven für NRW*, Hrsg. Marc Jan Eumann und Alexander Vogt, 75–79. Essen: Klartext.

Humborg, Christian. 2017b. "Facebook-Gesetz" – Eine Ehrenrettung. *carta.info.* http:// www.carta.info/85008/facebook-gesetz-eine-ehrenrettung/. Zugegriffen: 18. Dez. 2017.

Humborg, Christian, und Benedikt Wermter. 2014. Die Entwicklung des Medienmarktes – Zwischen Insolvenzen, Oligopolisierung und Aufbruch. In *Jahrbuch Netzpolitik 2014*, Hrsg. Markus Beckedahl, Anna Biselli, und Andre Meister, 185–191. Berlin: epubli.

Hunt, Andrew P. 2016. The passive acquisition of misinformation from social media. Dissertation, ProQuest LLC, Murfreesboro.

Introna, Lucas D., und David Wood. 2004. Picturing algorithmic surveillance – The politics of facial recognition systems. *Surveillance & Society* 2 (2–3): 177–198.

Jahn, Thomas. 2017. Donald Trump sorgt für Rekordzahlen. *handelsblatt.com.* http://www. handelsblatt.com/unternehmen/it-medien/new-york-times-donald-trump-sorgt-fuer-rekordzahlen/19758640.html. Zugegriffen: 18. Dez. 2017.

Kaufmann, Thomas. 2015. "Ohne Buchdruck keine Reformation?" In *Buchdruck und Buchkultur im Wittenberg der Reformationszeit*, Hrsg. Stefan Oehmig, 13–34. Leipzig: Evangelische Verlagsanstalt.

Keese, Christoph. 2016. *Silicon Germany – Wie wir die digitale Transformation schaffen.* München: Knaus.

Kuchler, Hannah. 2017. Facebook in push to help publishers sell subscriptions. *ft.com.* https://www.ft.com/content/c5450d2c-b4f5-11e7-aa26-bb002965bce8. Zugegriffen: 18. Dez. 2017.

Kucklick, Christoph. 2016. *Die granulare Gesellschaft – Wie das Digitale unsere Wirklichkeit auflöst.* Berlin: Ullstein.

Landesanstalt für Medien NRW (LfM). 2017. Ergebnisbericht zur Wahrnehmung von Fake News. http://www.lfm-nrw.de/fileadmin/user_upload/Ergebnisbericht_Fake_News.pdf. Zugegriffen: 5. Nov. 2017.

Lilienthal, Volker, Stephan Weichert, Dennis Reineck, Annika Sehl, und Silvia Worm. 2014[2]. *Digitaler Journalismus: Dynamik – Teilhabe – Technik.* Leipzig: VISTAS.

Lischka, Konrad, und Christian Stöcker. 2017. Digitale Öffentlichkeit – Wie algorithmische Prozesse den gesellschaftlichen Diskurs beeinflussen. Arbeitspapier im Auftrag der Bertelsmann Stiftung. https://www.bertelsmann-stiftung.de/fileadmin/files/BSt/Publikationen/GrauePublikationen/Digitale_Oeffentlichkeit_final.pdf. Zugegriffen: 15. Dez. 2017.

Lobe, Adrian. 2015. Journalismus nach dem Amazon Modell. *faz.net.* http://www.faz.net/ aktuell/feuilleton/medien/jeff-bezos-krempelt-die-washington-post-um-13582516.html. Zugegriffen: 18. Dez. 2017.

Lobigs, Frank, und Gerret von Nordheim. 2014. *Journalismus ist kein Geschäftsmodell: aktuelle Studien zur Ökonomie und Nicht-Ökonomie des Journalismus*. Baden-Baden: Nomos.

Lobo, Sascha. 2014. Auf dem Weg in die Dumpinghölle. *spiegel.de.* http://www.spiegel.de/netzwelt/netzpolitik/sascha-lobo-sharing-economy-wie-bei-uber-ist-plattform-kapitalismus-a-989584.html. Zugegriffen: 18. Dez. 2017.

Lovink, Geert. 2016. *Social Media Abyss – Critical internet cultures and the force of negation*. Cambridge: Polity.

Madrigal, Alexis C. 2017. What Facebook did to American democracy – And why it was so hard to see it coming. *theatlantic.com.* https://www.theatlantic.com/amp/article/542502/. Zugegriffen: 18. Dez. 2017.

Mahnke, Martina. 2015. Der Algorithmus, bei dem man mit muss? Ein Perspektivwechsel. *Communicatio Socialis* 48 (1): 34–45.

Mahrt, Merja. 2014. Vom Lagerfeuer zur filter bubble – Konsequenzen der Nutzung digitaler Medien für die Integrationsfunktion von Medien. In *Medienkonvergenz und Medienkomplementarität aus Rezeptions- und Wirkungsperspektive*, Hrsg. Katharina Kleinen-von Königslöw und Kati Förster, 127–146. Baden-Baden: Nomos.

Matzen, Nea. 2014[3]. *Onlinejournalismus (Wegweiser Journalismus)*. Konstanz: UVK.

Mayer, Angelika M. 2013. *Qualität im Zeitalter von TV 3.0. Die Debatte zum öffentlich-rechtlichen Fernsehen*. Wiesbaden: Springer VS.

Mazur, Bartosz. 2014. *Der Fernsehmarkt in Deutschland – Entwicklung und Ausblick*. Hamburg: Diplomica.

Meyer, Philip. 2004. *The vanishing newspaper. Saving journalism in the information age*. Columbia: University of Missouri Press.

Müller, Philipp, und Nora Denner. 2017. Was tun gegen "Fake News"? Eine Analyse anhand der Entstehungsbedingungen und Wirkweisen gezielter Falschmeldungen im Internet. Gutachten im Auftrag der Friedrich-Naumann-Stiftung für die Freiheit. https://www.freiheit.org/sites/default/files/uploads/2017/06/16/a4fakenews.pdf. Zugegriffen: 10. Dez. 2017.

Müller von Blumencron, Mathias. 2015. Jaron Lanier im Gespräch – Warum wollt ihr unseren Quatsch? *faz.net.* http://www.faz.net/aktuell/feuilleton/debatten/die-digital-debatte/internet-vordenker-jaron-lanier-im-gespraech-13679623.html. Zugegriffen: 18. Dez. 2017.

Munson, Sean A., und Paul Resnick. 2010. Presenting diverse political opinions – How and how much. Proceedings of the SIGCHI conference on human factors in computing systems, 1457–1466.

Napoli, Philip M. 2014. Automated media – An institutional theory perspective on algorithmic media production and consumption. *Communication Theory* 24 (3): 340–360.

Newman, Nic, Richard Fletcher, Antonis Kalogeropoulos, David A.L. Levy, und Rasmus Kleis Nielsen. 2017. *Reuters institute digital news report 2017*. Oxford: Reuters Institute for the Study of Journalism.

Niesyto, Johanna. 2017. *Die minimale Politik der Wikipedia*. Siegen: universi.

Novy, Leonard. 2013. Vorwärts (n)immer? Normalität, Normativität und die Krise des Journalismus. In *Journalismus in der digitalen Moderne: Einsichten – Ansichten – Aussichten*, Hrsg. Leif Kramp, Leonard Novy, Dennis Ballwieser, und Karsten Wenzlaff, 17–32. Wiesbaden: Springer VS.

Oswald, Bernd. 2013. Vom Produkt zum Prozess. In *Journalismus in der digitalen Moderne: Einsichten – Ansichten – Aussichten*, Hrsg. Leif Kramp, Leonard Novy, Dennis Ballwieser, und Karsten Wenzlaff, 63–81. Wiesbaden: Springer VS.

Pariser, Eli. 2011. Beware online „filter bubbles". *TED2011*. https://www.ted.com/talks/eli_pariser_beware_online_filter_bubbles. Zugegriffen: 11. Nov. 2017.

Pariser, Eli. 2015. Did Facebook's big study kill my filter bubble thesis? *wired.de*. https://www.wired.com/2015/05/did-facebooks-big-study-kill-my-filter-bubble-thesis/. Zugegriffen: 12. Nov. 2017.

Parker, Geoffrey G., Marshall W. Van Alstyne, und Sangeet Paul Choudary. 2016. *Platform revolution – How networked markets are transforming the economy – And how to make them work for you*. New York: Norton.

Passig, Kathrin. 2013. *Standardsituationen der Technologiekritik*. Berlin: Suhrkamp.

Pennycook, Gordon, und David G. Rand. 2017. The implied truth effect: Attaching warnings to a subset of fake news stories increases perceived accuracy of stories without warnings. https://papers.ssrn.com/sol3/papers.cfm?abstract_id=3035384. Zugegriffen: 20. Dez. 2017.

Pennycook, Gordon, Tyrone D. Cannon, und David G. Rand. 2017. Implausibility and illusory truth: Prior exposure increases perceived accuracy of fake news but has no effect on entirely implausible statements. Working Paper. https://papers.ssrn.com/sol3/Papers.cfm?abstract_id=2958246. Zugegriffen: 20. Dez. 2017.

Piontek, Helena. 2017. Was macht eigentlich die Depublizierungspflicht? *netzpolitik.org*. https://netzpolitik.org/2017/was-macht-eigentlich-die-depublizierungspflicht/. Zugegriffen: 20. Dez. 2017.

Pörksen, Bernhard. 2016. Die postfaktische Universität. *zeit.de*. http://www.zeit.de/2016/52/wissenschaft-postfaktisch-rationalitaet-ohnmacht-universitaeten. Zugegriffen: 18. Dez. 2017.

Prinzing, Marlis, und Carolin Gattermann. 2015. Finanziert! Journalismus, den die Crowd kauft – Eine Studie zu Crowdfunding als Finanzierungsmöglichkeit von Journalismus. In *Schnittstellen (in) der Medienökonomie*, Hrsg. Sven Pagel, 188–212. Baden-Baden: Nomos.

Pscheida, Daniela. 2010. *Das Wikipedia-Universum – Wie das Internet unsere Wissenskultur verändert*. Bielefeld: Transcript.

Puffer, Hanna. 2016. Millenials im Visier – Inhalte klassischer Medien auf Online-Plattformen. *Media Perspektiven* 10:482–490.

Rand, Ayn. 1957. *Atlas shrugged*. New York: Random House.

Reagle Jr., Joseph Michael. 2010. *Good faith collaboration – The culture of Wikipedia*. Cambridge: MIT.

Republik. 2017. https://www.republik.ch/ Zugegriffen: 2. Dez. 2017.

Rothmund, Tobias, Mario Gollwitzer, Peter Nauroth, und Jens Bender. 2017. Motivierte Wissenschaftsrezeption. *Psychologische Rundschau* 68:193–197.

Ruddick, Graham. 2017. UK government considers classifying Google and Facebook as publishers. *guardian.com*. https://www.theguardian.com/technology/2017/oct/11/government-considers-classifying-google-facebook-publishers. Zugegriffen: 18. Dez. 2017.

Rühle, Angela. 2016. Öffentlich-rechtliche und private Fernsehprogramme im Urteil der Zuschauer. Ergebnisse der ARD/ZDF-Langzeitstudie Massenkommunikation. *Media Perspektiven* 5:286–302.

Rushkoff, Douglas. 2014. *Present Shock – Wenn alles jetzt passiert*. Freiburg: Orange.

Schäfer, Svenja, Michael Sülflow, und Philipp Müller. 2017. The special taste of snack news: An application of niche theory to understand the appeal of Facebook as news source. *First Monday* 22 (4). http://firstmonday.org/ojs/index.php/fm/article/view/7431/6088. Zugegriffen: 15. Dez. 2017.

Schaffner, Brian F., und Cameron Roche. 2017. Misinformation and motivated reasoning: Responses to economic news in a politicized environment. *Public Opinion Quarterly* 81 (1): 86–110.

Schlögel, Karl. 2008. *Terror und Traum – Moskau 1937*. Bonn: Bundeszentrale für politische Bildung.

Schmidt-Völlmecke, Verena. 2017. Gemeinnützigkeit zur Rettung des Journalismus? In *Medien und Journalismus 2030 – Perspektiven für NRW*, Hrsg. Marc Jan Eumann und Alexander Vogt, 98–104. Essen: Klartext.

Schnedler, Thomas, und Marcus Schuster. 2015. *Gemeinnütziger Journalismus weltweit – Typologie von journalistischen Non-Profit-Organisationen*. Report im Auftrag der GLS Treuhand und netzwerk recherche. https://netzwerkrecherche.org/wp-content/uploads/2015/10/Report-Gemeinn%C3%BCtziger-Journalismus-weltweit.pdf. Zugegriffen: 18. Dez. 2017.

Schultz, Tanjev, Nikolaus Jackob, Marc Ziegele, Oliver Quiring, und Christian Schemer. 2017. Erosion des Vertrauens zwischen Medien und Publikum? *Media Perspektiven* 5:246–259.

Schuster, Simon, Pascal Jürgens, Dieter Dörr, Birgit Stark, und Melanie Magin. 2015. Neutralität, Transparenz und Kompetenz. Rechtliche Ansatzpunkte für eine Neuregulierung des Suchmaschinenmarktes. *Kommunikationspolitik für die digitale Gesellschaft*, Hrsg. Martin Emmer und Christian Strippel, 87–118. https://doi.org/10.17174/dcr.v1.2.

Seemann, Michael. 2014. *Das neue Spiel – Strategien für die Welt nach dem digitalen Kontrollverlust*. Berlin: Orange.

Seemann, Michael. 2017. Was ist Plattformpolitik? Grundzüge einer neuen Form der politischen Macht. *spw – Zeitschrift für sozialistische Politik und Wirtschaft* 223:44–49.

Seemann, Michael, und Michael Kreil. 2017. Digitaler Tribalismus und Fake News. *Ctrl+Verlust*. http://www.ctrl-verlust.net/digitaler-tribalismus-und-fake-news/. Zugegriffen: 13. Dez. 2017.

Speck, Dominik. 2017. Ernüchterung über Instant Articles. *Menschen Machen Medien*. https://mmm.verdi.de/medienwirtschaft/ernuechterung-ueber-instant-articles-43515. Zugegriffen: 18. Dez. 2017.

Spiegel, Peter. 2015. *WeQ – More than IQ – Abschied von der Ich-Kultur*. München: Oekom.

Srnicek, Nick. 2017. *Platform capitalism*. Cambridge: Polity.

Staltz, André. 2017. The web began dying in 2014 – Here's how. *staltz.com*. https://staltz.com/the-web-began-dying-in-2014-heres-how.html. Zugegriffen: 18. Dez. 2017.

Stark, Birgit, Melanie Magin, und Pascal Jürgens. 2014. Navigieren im Netz. In *Die Googleisierung der Informationssuche: Suchmaschinen zwischen Nutzung und Regulierung*, Hrsg. Birgit Stark, Dieter Dörr, und Stefan Aufenanger, 20–74. Berlin: De Gruyter.

Stark, Birgit, Melanie Magin, und Pascal Jürgens. 2017. Ganz meine Meinung? Informationsintermediäre und Meinungsbildung – Eine Mehrmethodenstudie am Beispiel von Facebook. *LfM-Dokumentation*, Bd. 55. Düsseldorf: Landesanstalt für Medien NRW.

Statista. 2017. Entwicklung der verkauften Auflage der Tageszeitungen in Deutschland in ausgewählten Jahren von 1991 bis 2017 (in Millionen Exemplaren). https://de.statista. com/statistik/daten/studie/72084/umfrage/verkaufte-auflage-von-tageszeitungen-in-deutschland/. Zugegriffen: 20. Dez. 2017.

Stegbauer, Christian. 2009. *Wikipedia – Das Rätsel der Kooperation*. Wiesbaden: VS Verlag.

Stephan, Felix. 2015. Die Privatisierung der Meinungsfreiheit. *zeit.de*. http://www.zeit.de/ kultur/2015-05/instant-articles-facebook-meinungsfreiheit. Zugegriffen: 18. Dez. 2017.

Sunstein, Cass. 2001. *Echo chambers – Bush v. Gore, impeachment, and beyond*. Princeton: Princeton University Press.

Swire, Briony, Adam J. Berinsky, Stephan Lewandowsky, und Ulrich K.H. Ecker. 2017. Processing political misinformation: Comprehending the Trump phenomenon. *Royal Society Open Science*. http://rsos.royalsocietypublishing.org/content/4/3/160802. Zugegriffen: 13. Nov. 2017.

Taplin, Jonathan. 2017. *Move fast and break things – How Facebook, Google, and Amazon cornered culture and undermined democracy*. New York: Little, Brown and Company.

Tewksbury, David. 2003. What do Americans really want to know? Tracking the behavior of news readers on the internet. *Journal of communication* 53 (4): 694–710.

Trilling, Damian. 2014. Grenzen der Selektivität: Kann der Selective-exposure-Ansatz komplementäre und komplexe Nutzungsmuster erklären? In *Medienkonvergenz und Medienkomplementarität aus Rezeptions- und Wirkungsperspektive*, Hrsg. Katharina Kleinen-von Königslöw und Kati Förster, 75–92. Baden-Baden: Nomos.

Tsang, Amie. 2017. The guardian sets up a nonprofit to support its journalism. *nytimes.com*. https://www.nytimes.com/2017/08/28/business/media/guardian-non-profit-philanthropy. html. Zugegriffen: 18. Dez. 2017.

Turner, Fred. 2007. *From counterculture to cyberculture – Stewart Brand, the whole earth network, and the rise of digital utopianism*. Chicago: Chicago University Press.

Tweney, Dylan. 2007. How Paypal gave rise to a silicon valley 'Mafia'. *wired.com*. https:// www.wired.com/2007/11/how-paypal-gave/. Zugegriffen: 18. Dez. 2017.

Van Eimeren, Birgit, und Christa-Maria Ridder. 2011. Trends in der Nutzung und Bewertung der Medien 1970 bis 2010. *Media Perspektiven* 1:2–15.

Vogt, Nancy, und Amy Mitchell. 2016. Crowdfunded journalism – A small but growing addition to publicly driven journalism. *Pew Research Center*. http://www.journalism. org/2016/01/20/crowdfunded-journalism/. Zugegriffen: 10. Nov. 2017.

Wardle, Claire. 2017. Fake news – Es ist kompliziert. *Shorenstein Center on Media, Politics and Public Policy*. https://de.firstdraftnews.com/fake-news-es-ist-kompliziert/?_ ga=2.250118854.1785104466.1510513750-1048511416.1510513750. Zugegriffen: 10. Nov. 2017.

Watson, Peter. 2005. *Ideas – A History of Thought and Invention, from Fire to Freud*. New York: Harper Collins.

Weichert, Stephan. 2013. Der dritte Weg – Warum wir stiftungsfinanzierte Medien brauchen. In *Journalismus in der digitalen Moderne: Einsichten – Ansichten – Aussichten*, Hrsg. Leif Kramp, Leonard Novy, Dennis Ballwieser, und Karsten Wenzlaff, 213–231. Wiesbaden: Springer VS.

Weichert, Stephan, Leif Kramp, und Martin Welker. 2015. *Die Zeitungsmacher – Aufbruch in die digitale Moderne*. Wiesbaden: Springer VS.

Weischenberg, Siegfried. 2018. *Medienkrise und Medienkrieg – Brauchen wir überhaupt noch Journalismus?* Wiesbaden: Springer VS.

Welzer, Harald. 2016. *Die smarte Diktatur – Der Angriff auf unsere Freiheit.* Frankfurt a. M.: Fischer.

Winterbauer, Stefan. 2017. Republik – Warum das Schweizer Journalismus-Projekt, das von Lesern 2 Mio. Euro einsammelt, auch deutsche Medienmacher interessieren sollte. *Meedia.de.* http://meedia.de/2017/04/28/republik-warum-das-schweizer-journalismus-projekt-das-von-lesern-2-mio-euro-einsammelt-auch-deutsche-medienmacher-interessieren-sollte/. Zugegriffen: 4. Dez. 2017.

Zillmann, Dolf, und Jennings Bryant. 1985. *Selective exposure to communication.* New Jersey: Erlbaum.

Zubayr, Camille, und Heinz Gerhard. 2017. Tendenzen im Zuschauerverhalten. *In Media Perspektiven* 3:130–144.

Zukunft-öffentlich-rechtliche.de. 2017. Zur Zukunft der öffentlich-rechtlichen Medien. 10 zentrale Thesen. https://zukunft-öffentlich-rechtliche.de. Zugegriffen: 20. Dez. 2017.

Zwitter, Andrej. 2014. Big data ethics. *Big Data & Society* 1 (July–December): 1–6.

Printed in the United States
By Bookmasters